歌舞伎

日本の伝統芸能を楽しむ

もくじ

はじめに …… 4

【基礎知識編《きそちしきへん》】

歌舞伎《かぶき》ってどういうものかな？ …… 6

歌舞伎《かぶき》の舞台《ぶたい》を見てみよう …… 8

秘密《ひみつ》がいっぱい、舞台《ぶたい》のしかけ …… 10

見る人を引きつける歌舞伎《かぶき》の表現《ひょうげん》 …… 12

歌舞伎《かぶき》を演《えん》じる人たち …… 14

化粧《けしょう》や隈取《くまどり》でわかる、役柄《やくがら》と性格《せいかく》 …… 16

役に合わせて大変身《だいへんしん》！ …… 18

舞台《ぶたい》を盛《も》りあげる歌舞伎《かぶき》の音楽 …… 20

舞台上《ぶたいじょう》で演奏《えんそう》される音楽 …… 22

一度は見たい人気の演目《えんもく》 …… 24

【支《ささ》える人たち編《へん》】
［大道具《おおどうぐ》］華《はな》やかな舞台《ぶたい》をつくりだす職人集団《しょくにんしゅうだん》……28
［小道具《こどうぐ》］より本物らしく魅《み》せる小道具《こどうぐ》……32
［かつら］役に入っていくための一ミリの工夫《くふう》……36
［床山《とこやま》］役の性根《しょうね》をあらわすかつらづくり……40
［衣裳《いしょう》］衣裳《いしょう》の管理《かんり》も大切なしごと……44
［後見《こうけん》（黒衣《くろご》）］見えるけれど、見えない存在《そんざい》!?……48

【資料編《しりょうへん》】
歌舞伎《かぶき》を楽しもう……50
歌舞伎《かぶき》が見られる主な劇場《げきじょう》……51
伝統芸能《でんとうげいのう》が調べられる場所／伝統芸能《でんとうげいのう》が調べられる本……52
ミニミニ「用語基礎知識《ようごきそちしき》」……53
さくいん……54

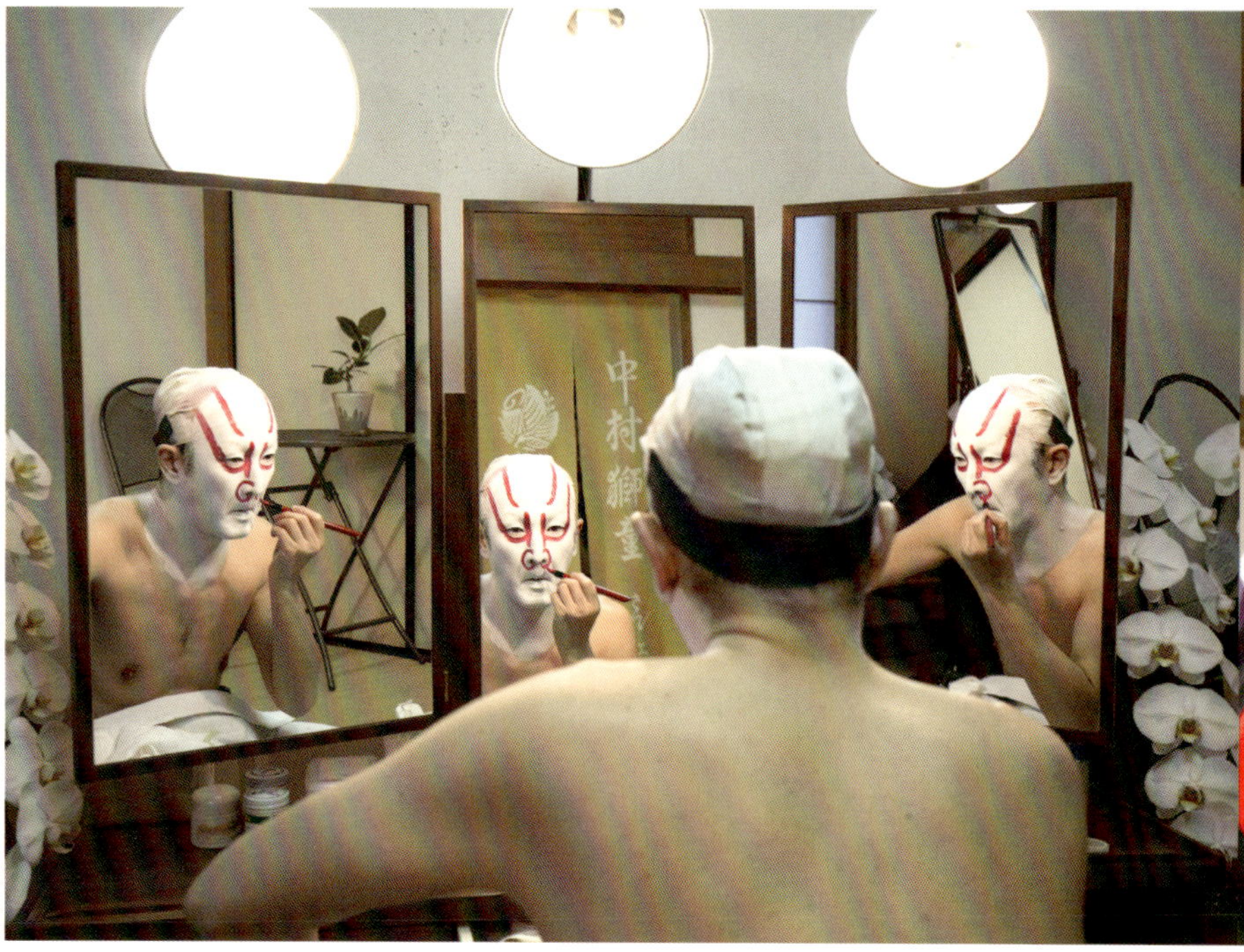

独特《どくとく》な歌舞伎《かぶき》の化粧《けしょう》、隈取《くまどり》を取る獅童《しどう》さん。歌舞伎俳優《かぶきはいゆう》は、化粧《けしょう》はすべて自分でします。

衣裳《いしょう》をつけ、気持ちもだんだんと松王丸《まつおうまる》になりきっていきます。　中村獅童《なかむらしどう》

はじめに

「伝統芸能《でんとうげいのう》」という言葉は、いろいろなイメージをよびおこします。古くさい、かたくるしくて近よりにくい、なにをいっているのかわからない、知らないと恥《はじ》をかきそう。あるいは、上品で高級、由緒《ゆいしょ》正しく格調《かくちょう》高い、日本独特《どくとく》の美しさ、世界にほこる宝《たから》……。

ところが、はじめて伝統芸能《でんとうげいのう》の舞台《ぶたい》を生《なま》で見ると、たいていの人は「意外に言葉がわかる」「意外に親しみやすい」「意外に現代的《げんだいてき》で共感《きょうかん》できる」と、「意外に」を連発《れんぱつ》します。伝統芸能《でんとうげいのう》に対して、みんながなんとなくもっているイメージと実際《じっさい》の舞台《ぶたい》とのあいだには、それだけズレがあるわけですが、生身《なまみ》の人間が演《えん》じる芸能《げいのう》というものは、画面を通してではなく、とにかく生《なま》で見てみないことにはなにも伝《つた》わりません。

歌舞伎《かぶき》は江戸《えど》時代《じだい》に生まれた芸能《げいのう》です。当然《とうぜん》、現代人《げんだいじん》にとっては、わかりにくい言葉や品物、習慣《しゅうかん》がたくさん出てきます。また現代《げんだい》とちがって電気を使った照明《しょうめい》や音響《おんきょう》のない時代ですから、舞台《ぶたい》でさまざまな効果《こうか》を出すために、ぱっと見聞きしただけではよくわからない、歌《か》舞《ぶ》伎《き》独特《どくとく》の変《か》わった演出《えんしゅつ》や演技《えんぎ》が考えだされてきました。

しかし心配する必要《ひつよう》はありません。これらはゲームのルールのようなもので、一度知ってしまえば、どの演目《えんもく》を見ても、「それがなにを意味しているか」が、たちどころにわかるようになります。だからこそ、

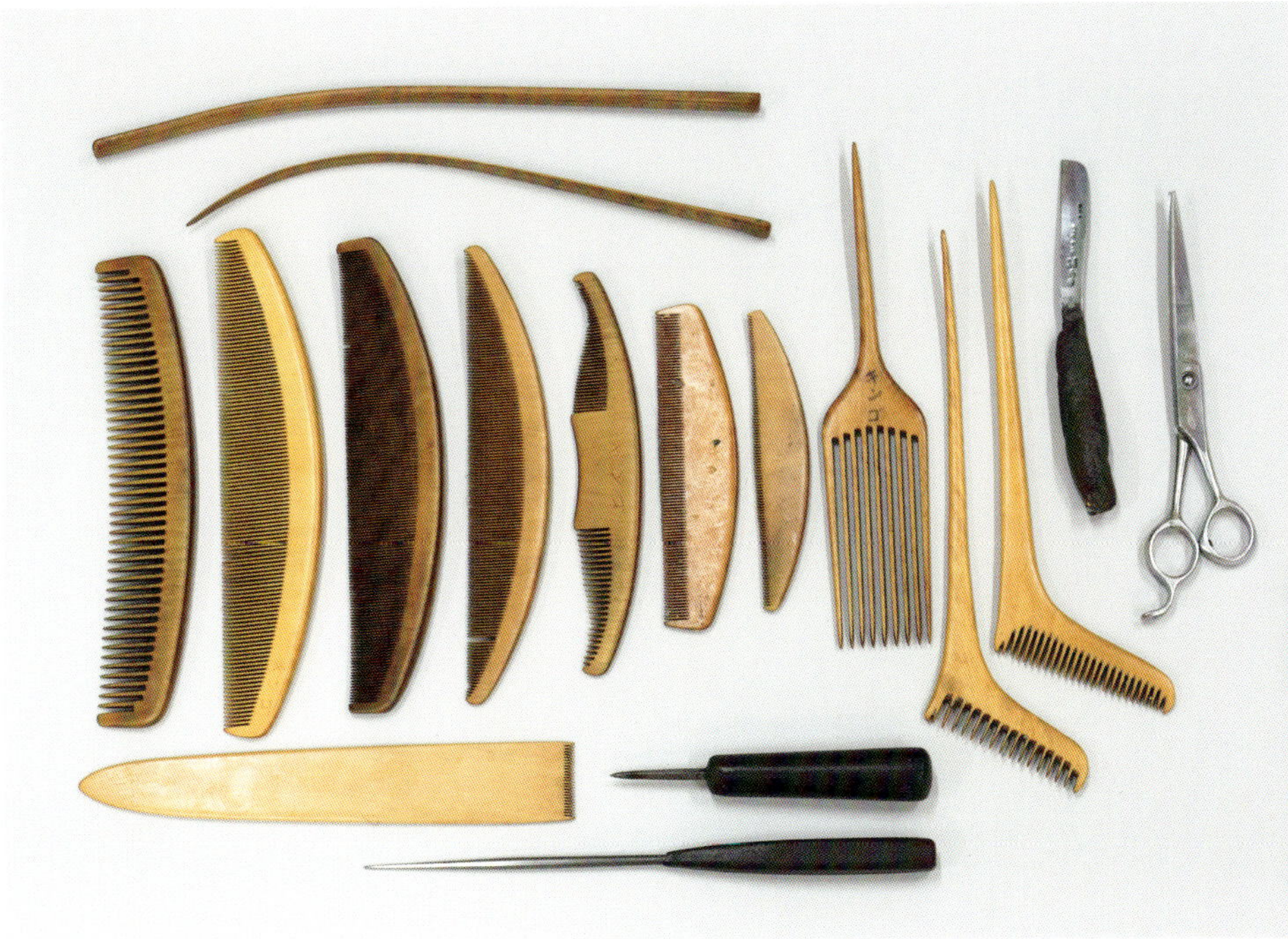

鴨治《かもじ》さん愛用《あいよう》の道具類《どうぐるい》。用途《ようと》におうじて何種類《なんしゅるい》ものくしを使いわけます。

立役《たちやく》のかつらを仕上げる床山《とこやま》の鴨治欽吾《かもじきんご》さん。

歌舞伎《かぶき》は四百年以上《いじょう》にわたって人々《ひとびと》に愛《あい》され、今わたしたちの目の前に生きつづけているのです。

歌舞伎《かぶき》は伝統芸能《でんとうげいのう》であると同時に、わたしたちが観客《かんきゃく》として劇場《げきじょう》に足を運び、自分の目で見て楽しむ現代演劇《げんだいえんげき》でもあります。歌舞伎《かぶき》を見ると、おそらく江戸《えど》時代《じだい》の観客《かんきゃく》たちと同じように、わたしたちの心にも「きれいだなあ」「ドキドキするなあ」「かわいそうだなあ」などという不思議《ふしぎ》な感情《かんじょう》がわいてきます。伝統芸能《でんとうげいのう》は、そういう「古いのに古くない」ところに一番の値打《ねう》ちがあります。そして、わたしたちが歌舞伎《かぶき》を見てドキドキしたり笑《わら》ったり涙《なみだ》をうかべたりすることによって、歌舞伎《かぶき》はさらに未来《みらい》の人たちへと受けわたされていくのです。

この本では、知っておくと歌舞伎《かぶき》がもっと楽しく見られるようなことがらを、たくさん解説《かいせつ》しています。また客席《きゃくせき》からは見えない舞台《ぶたい》の裏側《うらがわ》を、くわしく紹介《しょうかい》しているのが特徴《とくちょう》の一つです。どんな芸能《げいのう》も、演《えん》じ手《て》だけでは上演《じょうえん》することができません。とくに歌舞伎《かぶき》では、大道《おおどう》具《ぐ》（舞台装置《ぶたいそうち》）、小道具《こどうぐ》、衣裳《いしょう》、かつらなど、それぞれの持ち場でおどろくほど多くの職人《しょくにん》さんがしごとをして、舞台《ぶたい》をつくりあげています。この職人《しょくにん》さんたちもまた、役者さんたちと同じように、何百年もかけて工夫《くふう》されてきた技《わざ》と知恵《ちえ》を現代《げんだい》に伝《つた》え、伝統芸能《でんとうげいのう》としての歌舞伎《かぶき》を支《ささ》えているのです。

この本を読んだら、さあ、歌舞伎《かぶき》の舞台《ぶたい》を見に出かけてみませんか。

歌《か》舞《ぶ》伎《き》ってどういうものかな？

『暫《しばらく》』を上演中《じょうえんちゅう》の劇場内《げきじょうない》の図。観客《かんきゃく》も舞台《ぶたい》の華《はな》やかさに見入っています。　三代目《さんだいめ》歌川豊国《うたがわとよくに》画《え》『踊形容《おどりけいよう》江戸絵栄《えどえのさかえ》』（国立劇場蔵《こくりつげきじょうぞう》）

歌《か》舞《ぶ》伎《き》のはじまり

徳川家康《とくがわいえやす》が将軍《しょうぐん》になって江戸幕府《えどばくふ》を開いたちょうどそのころ、京都を中心に「かぶきおどり」という踊《おど》りが大流行しました。とくに人気を集めたのは、女性《じょせい》なのに男性《だんせい》の格好《かっこう》をして舞台《ぶたい》に登場した「お国《くに》」を中心とする一座《いちざ》です。

かれらは神社や河原《かわら》などの広い場所に小屋を建《た》てて観客《かんきゃく》を集め、また貴族《きぞく》の屋敷《やしき》や大きな寺などによばれて芸《げい》を披露《ひろう》することもありました。にぎやかな歌や踊《おど》りのあいだには、当時の人々《ひとびと》の姿《すがた》を写しとった短い芝居《しばい》が演《えん》じられ、それがしだいに長くて複《ふく》雑《ざつ》な物語を演《えん》じる芝居《しばい》へと発展《はってん》していきました。これが歌《か》舞《ぶ》伎《き》のはじまりです。

歌《か》舞《ぶ》伎《き》という言葉は「かぶく」から

歌《か》舞《ぶ》伎《き》は「かぶく」という言葉がもとになっています。「かぶく」とは、人々《ひとびと》をおどろかせるような奇抜《きばつ》な格好《かっこう》や、ふるまいをすることです。江戸時代《えどじだい》のはじめには「かぶき者」とよばれる人々《ひとびと》がいて、派手《はで》な着物や髪型《かみがた》でねりあるき、町をさわがせていました。

「かぶきおどり」を演《えん》じたお国《くに》らの姿《すがた》は、かれら「かぶき者」独特《どくとく》のファッションや行動をまねしたものです。歌《か》舞《ぶ》伎《き》という芸《げい》能《のう》には、新しいものや、めずらしいものをとりいれて観客《かんきゃく》の目をおどろかせる「かぶく」という考え方が、今でも生きているのです。

『白浪五人男《しらなみごにんおとこ》』で使われるかさ

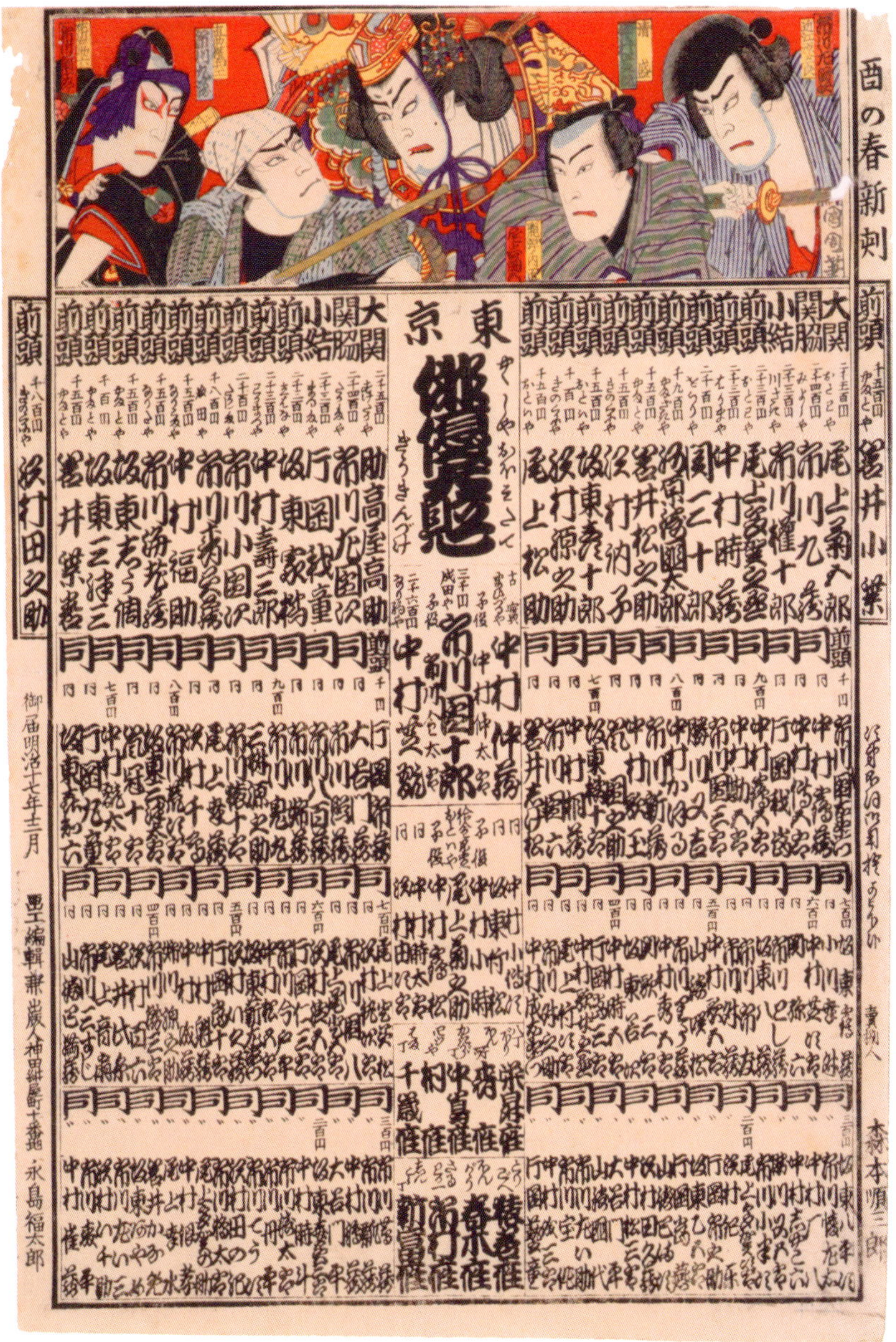

東西の人気俳優《にんきはいゆう》が描《えが》かれた番付表《ばんづけひょう》。上部には役者絵、下には俳優名《はいゆうめい》と劇場名《げきじょうめい》が書かれています。　豊原国周画《とよはらくにちかえ》『俳優大見立《やくしゃおおみたて》』（国立劇場蔵《こくりつげきじょうぞう》）

なぜ、男の人が演《えん》じるの？

歌舞伎《かぶき》はもともと女性《じょせい》が中心になって演《えん》じるものでした。しかし女性《じょせい》の集団《しゅうだん》による上《じょう》演《えん》が大流行すると、人々《ひとびと》の風紀《ふうき》をみだすという理由で、女性《じょせい》が人前で芸能《げいのう》を演《えん》じることが幕府《ばくふ》によって禁止《きんし》されてしまいました。

そのため歌舞伎《かぶき》は男性《だんせい》だけで演《えん》じなければならなくなりましたが、芝居《しばい》にはお姫様《ひめさま》からお婆《ばあ》さんまでいろいろな女性《じょせい》の役が登場します。そこで歌舞伎《かぶき》では、男性《だんせい》が女性《じょせい》を演《えん》じる「女方《おんながた》（女形《おんながた》）」という特殊《とくしゅ》な演《えん》技《ぎ》が行われるようになったのです。

幕府《ばくふ》のとりしまりによってやむをえず生まれた女方《おんながた》ですが、その演技術《えんぎじゅつ》は江戸時代《えどじだい》を通じて世界でもめずらしいほど高度に発《はっ》達《たっ》し、現代《げんだい》の歌舞伎《かぶき》にも伝《つた》えられて人気を集めています。

歌舞伎《かぶき》は庶民《しょみん》の娯楽《ごらく》だった

今では歌舞伎《かぶき》は「古典芸能《こてんげいのう》」や「伝統芸《でんとうげい》能《のう》」とよばれ、歌舞伎《かぶき》を見るのは高級でぜいたくな趣味《しゅみ》だというイメージがあります。しかし江戸時代《えどじだい》には、歌舞伎《かぶき》は現代《げんだい》の映画《えいが》やテーマパークと同じように、気軽に足を運ぶことのできる庶民《しょみん》の娯楽《ごらく》でした。

数多くの劇場《げきじょう》で歌舞伎《かぶき》が上演《じょうえん》されていて、高級な劇場《げきじょう》で高いお金をはらってごちそうを食べながらぜいたくに歌舞伎《かぶき》を見ることもできれば、庶民的《しょみんてき》な劇場《げきじょう》で安く歌舞《かぶ》伎《き》を楽しむこともできたのです。

江戸時代《えどじだい》を通じて多くの人々《ひとびと》に広く親しまれた歌舞伎《かぶき》は、浮世絵《うきよえ》や文学作品など、ほかの文化にも大きな影響《えいきょう》をあたえています。

【基礎知識編《きそちしきへん》】歌舞伎《かぶき》の舞台《ぶたい》を見てみよう

❶ 定式幕《じょうしきまく》

現在《げんざい》、歌舞伎《かぶき》を上演《じょうえん》する劇場《げきじょう》では、黒・茶（柿色《かきいろ》）・緑（萌黄色《もえぎいろ》）の三色が交互《こうご》に縦《たて》に染《そ》められた幕《まく》を、客席《きゃくせき》と舞台《ぶたい》との仕切りに使っています。これを「定式幕《じょうしきまく》」といいます。

この定式幕《じょうしきまく》のデザインは江戸時代《えどじだい》から伝《つた》わっているものですが、劇場《げきじょう》によって色のならび順《じゅん》がちがいます。たとえば歌舞伎座《かぶきざ》では左から黒《くろ》・柿《かき》・萌黄《もえぎ》の順《じゅん》、国立劇場《こくりつげきじょう》では左から黒・萌黄《もえぎ》・柿《かき》の順《じゅん》になっています。

幕《まく》がしまっているとき

歌舞伎《かぶき》の舞台《ぶたい》はどうなっているのかな？

歌舞伎《かぶき》の舞台《ぶたい》には、ほかの演劇《えんげき》の劇場《げきじょう》とはちがう、いろいろなしくみや工夫《くふう》があります。どのようになっているのか見てみましょう。

❹ 花道《はなみち》

花道《はなみち》は、舞台下手《ぶたいしもて》（客席《きゃくせき》から見て左側《ひだりがわ》）にある細長い廊下《ろうか》のような舞台《ぶたい》のことです。スター俳優《はいゆう》が花道《はなみち》から観客《かんきゃく》のすぐそばを通って登場・退場《たいじょう》することで、観客《かんきゃく》は俳優《はいゆう》や舞台《ぶたい》を間近に感じることができます。

また単《たん》に俳優《はいゆう》が歩く通路としてではなく、本舞台《ほんぶたい》（正面の舞台《ぶたい》）から少しはなれたもう一つの舞台《ぶたい》として使われることで、演技《えんぎ》の空間が立体的《りったいてき》にひろがります。

花道《はなみち》のつきあたりには俳優《はいゆう》の出入りに合わせて開閉《かいへい》される「揚幕《あげまく》」があります。

❺ すっぽん

すっぽんは、セリのなかでもとくに花道《はなみち》の途中《とちゅう》につくられたものをいいます。ここから登場する人物は、幽霊《ゆうれい》、妖術使《ようじゅつつか》い、狐《きつね》など、ふつうの人間ではないものだという約束《やくそく》ごとがあります。（→P10）

❻ 床《ゆか》

舞台上手《ぶたいかみて》の揚幕《あげまく》の上にある小さな部屋のことで、「竹本《たけもと》」（→P22）が演奏《えんそう》される場所です。前面には御簾《みす》（すだれ）がつけられていて、場面によって巻《ま》きあげられたり下ろされたりします。

❼ 黒御簾《くろみす》

舞台下手《ぶたいしもて》にある黒い板でかこまれた小さな部屋のことです。舞台側《ぶたいがわ》の格子窓《こうしまど》に黒い御簾《みす》がかけられているため、こうよばれています。ここでは演技《えんぎ》のタイミングに合わせて、舞台《ぶたい》効果《こうか》を高める「長唄《ながうた》」がうたわれたり、効果《こうか》音《おん》として太鼓《たいこ》・鼓《つづみ》などの楽器《がっき》が演奏《えんそう》されたりします。

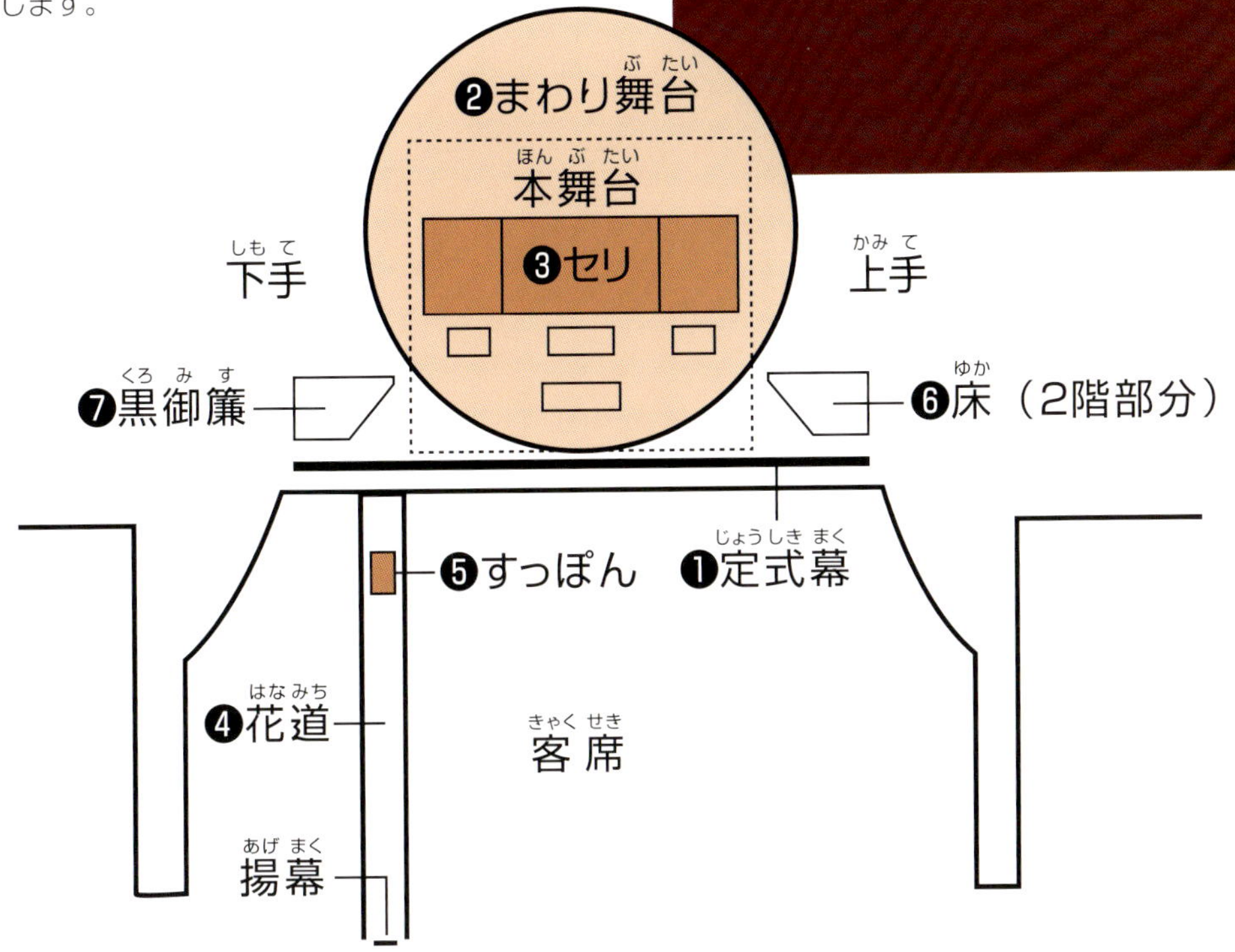

❷ まわり舞台《ぶたい》

舞台《ぶたい》の床《ゆか》を丸く切りぬき、その上に舞台装置《ぶたいそうち》や人物を乗せたまま回転させる装置です。丸いお盆《ぼん》に似《に》ていることから「盆《ぼん》」ともよばれます。（→P10）

❸ セリ

セリは切りぬいた舞台《ぶたい》の床《ゆか》をエレベーターのように上下に動かすしかけで、人物や大道具《おおどうぐ》を乗せたまま上げ下げすることで、観客《かんきゃく》の視界《しかい》に出現《しゅつげん》させたり、逆《ぎゃく》に視界《しかい》から消したりすることができます。（→P11）

【基礎知識編《きそちしきへん》】

秘密《ひみつ》がいっぱい、舞台《ぶたい》のしかけ

舞台《ぶたい》のしかけは、どのように使われているのかな？

まわり舞台《ぶたい》

いったん幕《まく》をしめなくても、観客《かんきゃく》の見ている前で舞台《ぶたい》装置《そうち》をすばやく変化《へんか》させることができ、前の場面と次の場面が時間的《じかんてき》・空間的《くうかんてき》につながっている場合には、とくに効果《こうか》を発揮《はっき》します。

すっぽん

俳優《はいゆう》のせりあがってくる姿《すがた》が、スッポンが首を出すようすを連《れん》想《そう》させるため、この名がついたともいわれています。

【江戸時代《えどじだい》のすっぽん】

現在《げんざい》は電動で上下しますが、江戸時代《えどじだい》には図のように人力で動かしていました。

『戯場訓蒙図彙《しばいきんもうずい》』（国立劇場蔵《こくりつげきじょうぞう》）

セリ

歌舞伎《かぶき》の劇場《げきじょう》には、大小さまざまなセリがあります。大道具全体《おおどうぐぜんたい》を上下させる大きなセリを大《おお》ゼリ、登場人物を上下させる小さなセリを小《こ》ゼリといいます。

【がんどう返し】

大道具全体《おおどうぐぜんたい》を後《うし》ろ側《がわ》に九十度たおすことで、それまでは大道具《おおどうぐ》の床面《ゆかめん》にかくれていた背景画《はいけいが》が観客《かんきゃく》の前にあらわれるしかけです。まわり舞台《ぶたい》と同じように、幕《まく》をしめることなく、観客《かんきゃく》の目の前でダイナミックに舞台《ぶたい》を転換《てんかん》することができます。『南総里見八犬伝《なんそうさとみはっけんでん》』『青砥稿花紅彩画《あおとぞうしはなのにしきえ》』などの演目《えんもく》で見ることができます。

前の場面の大道具《おおどうぐ》がゆっくりと持ちあがり、立ちあがった正面には次の場面の背景《はいけい》が描《えが》かれています。続《つづ》いて山門《さんもん》が「大《おお》ゼリ」でせりあげられて姿《すがた》をあらわします。

幕《まく》の役割《やくわり》

舞台《ぶたい》と客席《きゃくせき》とを区切る幕《まく》には、定式幕《じょうしきまく》のほかにもいろいろなものがあります。それぞれどんな役《やく》割《わり》があるのでしょうか?

浅葱幕《あさぎまく》 ①

幕《まく》の開いた直後や大道具《おおどうぐ》を転換《てんかん》するときなどに、一時的《いちじてき》に舞台全体《ぶたいぜんたい》をかくすのに使われます。

上からつって舞台《ぶたい》をかくしておいた浅《あさ》葱幕《ぎまく》を一気に下に落とす「振《ふ》り落《お》とし」は、舞台全体《ぶたいぜんたい》を一瞬《いっしゅん》のうちに観客《かんきゃく》の目に見せることができ、横にゆっくり開いていく定式幕《じょうしきまく》とはちがった効果《こうか》を出すことができます。

浪幕《なみまく》（道具幕《どうぐまく》） ②

海や山などの風景《ふうけい》が描《えが》かれた道具幕《どうぐまく》の一つです。次の場面の大道具《おおどうぐ》などをかざりつけているあいだに、芝居《しばい》の流れを中《ちゅう》断《だん》させないために使用されます。

霞幕《かすみまく》 ③

舞台上《ぶたいじょう》の「竹本《たけもと》」や「清元《きよもと》」などの演《えん》奏者《そうしゃ》が演奏《えんそう》していないあいだや、舞台《ぶたい》から出入りするのをかくすために使用されます。白い布《ぬの》に水色の雲が描《えが》かれており、霞《かすみ》のように見えることから、その名前があります。

消《け》し幕《まく》 ④

消し幕《まく》には、黒幕《くろまく》と赤幕《あかまく》があります。この二種類《しゅるい》の幕《まく》は、「観客《かんきゃく》からは見えないもの」という約束《やくそく》をあらわします。観《かん》客《きゃく》に見せたくないものをこの幕《まく》でかくし、動かしながら舞台《ぶたい》から消えさせます。

また、舞台全体《ぶたいぜんたい》に黒幕《くろまく》がおりているときは、夜や暗闇《くらやみ》をあらわしています。

【基礎知識編《きそちしきへん》】

見る人を引きつける歌舞伎《かぶき》の表現《ひょうげん》

歌舞伎《かぶき》には、見ている人を楽しませる歌舞伎《かぶき》ならではの独特《どくとく》な表現方法《ひょうげんほうほう》があります。代表的《だいひょうてき》なものを紹介《しょうかい》しましょう。

見得《みえ》

見得《みえ》は、演技《えんぎ》の途中《とちゅう》で、登場人物が動きを止めて美しいポーズを見せる型《かた》のことです。

緊迫感《きんぱくかん》が頂点《ちょうてん》にたっしたときや、意外な事実が明らかになったときなどの、芝居《しばい》が最高《さいこう》に盛《も》りあがった瞬間《しゅんかん》や、立ち回り（争《あらそ》い・戦《たたか》いの場面）、芝居《しばい》が終わって最後《さいご》に幕《まく》がしまるときなどに見られます。

多くの場合「ツケ」という効果音《こうかおん》が入ってポーズが強調されます。

六方《ろっぽう》

六方《ろっぽう》は、登場人物が花道《はなみち》を通って舞台《ぶたい》から退場《たいじょう》するときなどに行われる、まるで踊《おど》るように手足をふりながら前に進む演技《えんぎ》のことです。先に紹介《しょうかい》した「かぶき者」の派手《はで》な歩き方をまねたものだといわれており、俳優《はいゆう》の華麗《かれい》・豪快《ごうかい》な姿《すがた》や動きそのものが見どころです。

『勧進帳《かんじんちょう》』の武蔵坊弁慶《むさしぼうべんけい》の「飛《と》び六方《ろっぽう》」、『義《よし》経千本桜《つねせんぼんざくら》』の狐忠信《きつねただのぶ》の「狐六方《きつねろっぽう》」など、さまざまな種類《しゅるい》の六方《ろっぽう》があります。

宙乗り《ちゅうのり》

俳優《はいゆう》が舞台《ぶたい》や客席《きゃくせき》の上をつられて移動《いどう》する演出《えんしゅつ》で、幽霊《ゆうれい》や妖怪《ようかい》、狐《きつね》などの非現実的《ひげんじつてき》な役で行われます。江戸時代《えどじだい》には縄《なわ》を使って俳優《はいゆう》の体をつっていましたが、現在《げんざい》ではワイヤーを使用するなど、安全性《あんぜんせい》も考えられ改良《かいりょう》されています。

立ち回り

合戦《かっせん》、捕《と》り物《もの》、けんかなどの争《あらそ》いの場面を「立ち回り」といいます。「とんぼ」とよばれる宙返《ちゅうがえ》りなど、さまざまな型《かた》を組みあわせ、歌舞伎独特《かぶきどくとく》の流れるような演技《えんぎ》の美しさが強調された表現《ひょうげん》です。このとき大勢《おおぜい》で打ちかかり、主役を引きたてる役目をする人たちを「からみ」といいます。

引抜《ひきぬき》・ぶっ返り

引抜《ひきぬき》は、かさねて着た衣裳《いしょう》を糸であらく縫《ぬ》いつけておき、その糸をぬいて上の衣裳《いしょう》をはがすことで、観客《かんきゃく》の目の前で一瞬《いっしゅん》のうちに衣裳《いしょう》を変《か》えてみせる演出《えんしゅつ》です。『京鹿《きょうがの》子《こ》娘道成寺《むすめどうじょうじ》』では、引抜《ひきぬき》によって次々《つぎつぎ》に美しい衣裳《いしょう》に変化《へんか》するのが見どころの一つになっています。

引抜《ひきぬき》の一種《いっしゅ》である「ぶっ返り」では、はがした上半身の衣裳《いしょう》がそのまま腰《こし》からたれて下半身をおおう形になります。この手法《しゅほう》は、その人物が秘密《ひみつ》にしていた自分の正体をあらわす場面に用いられます。衣裳《いしょう》が異《い》様《よう》な形に変化《へんか》することが、人物そのものの変身《へんしん》をあらわしているわけです。

引抜《ひきぬき》

ぶっ返り

歌舞伎《かぶき》を演《えん》じる人たち

舞台《ぶたい》で演《えん》じる人たちのことを「俳優《はいゆう》」や「役者」といいます。歌舞伎《かぶき》の世界では、同じ姓《せい》の人がたくさんいたり、名字でないよび名があったりします。その秘密《ひみつ》をさぐってみましょう。

歌舞伎俳優《かぶきはいゆう》の「家」制度《せいど》

歌舞伎《かぶき》の俳優《はいゆう》には、市川《いちかわ》・尾上《おのえ》・中村《なかむら》など同じ姓《せい》をもつ人がたくさんいます。これは師匠《ししょう》と弟子《でし》とが同じ姓《せい》を名乗る決まりになっているからで、全員が家族や親戚《しんせき》であるわけではありません。

こうした師匠《ししょう》と弟子《でし》のグループを「家」または「一門《いちもん》」とよび、家紋《かもん》も同じものを用います。家や一門《いちもん》という考え方は歌舞伎《かぶき》の世界では非常《ひじょう》に大切にされており、「家の芸《いえのげい》」といわれる得意芸《とくいげい》や得意《とくい》の演目《えんもく》が伝《つた》わっている家もあります。

名前のかわりによぶ「屋号《やごう》」

それぞれの家には、市川《いちかわ》・尾上《おのえ》といった姓《せい》とは別《べつ》に「屋号《やごう》」があります。たとえば市川《いちかわ》団十郎家《だんじゅうろうけ》の屋号《やごう》は成田屋《なりたや》、尾上菊五郎家《おのえきくごろうけ》の屋号《ごう》は音羽屋《おとわや》といい、同じ家に属《ぞく》する俳優《はいゆう》は同じ屋号《やごう》を用います。

歌舞伎《かぶき》を劇場《げきじょう》で見ていると「〇〇屋！」と客席《きゃくせき》から声がかかることがありますが、これは屋号《やごう》をよぶことで、その俳優《はいゆう》の演技《えんぎ》をほめているのです。

代々《だいだい》の名前を受けつぐ「襲名《しゅうめい》」

六代目中村勘九郎襲名披露口上《なかむらかんくろうしゅうめいひろうこうじょう》

先輩《せんぱい》の俳優《はいゆう》の名前を引きついで名乗ることを「襲名《しゅうめい》」といいます。主な俳優《はいゆう》の名前は、父から息子へ、師匠《ししょう》から弟子《でし》へ、先輩《せんぱい》から後輩《こうはい》へと襲名《しゅうめい》によって引きつがれていきます。多くの俳優《はいゆう》が「〇代目」と名乗っているのはそのためで、江戸時代《えどじだい》から現代《げんだい》まで続《つづ》いている名前がたくさんあります。

とくに重要《じゅうよう》な名前が襲名《しゅうめい》される場合には「襲名披露興行《しゅうめいひろうこうぎょう》」が行われ、俳優《はいゆう》たちが裃姿《かみしもすがた》で観客《かんきゃく》に襲名《しゅうめい》の挨拶《あいさつ》をする「口上《こうじょう》」が行われることもあります。名前を引きつぐ人は、単《たん》に名前が変《か》わるということだけではなく、その名前の値打《ねう》ちに負けないだけの芸《げい》をみがいていくことが期待されます。

立役《たちやく》と女方《おんながた》（女形《おんながた》）

歌舞伎《かぶき》はむかしからのしきたりで、男の人しか舞台《ぶたい》に立つことができません。そのため、女性《じょせい》の役もすべて男性《だんせい》が演《えん》じています。

立役《たちやく》（写真左上）

男性《だんせい》の役、またそれを演《えん》じる俳優《はいゆう》を立役《たちやく》といいます。男性《だんせい》の役にも二枚目《にまいめ》（色男）、敵役《かたきやく》（悪人）、若衆《わかしゅ》（少年）、道化役《どうけやく》（おかしみのある役）、老《ふ》け役《やく》（老人《ろうじん》）などいろいろな役柄《やくがら》がありますが、現在《げんざい》ではそれらをまとめて立役《たちやく》とよびます。立役《たちやく》の俳優《はいゆう》と女方《おんながた》の俳優《はいゆう》とは厳密《げんみつ》に分けられているわけではなく、両方を演《えん》じる俳優《はいゆう》もたくさんいます。またふだんは立役《たちやく》を得意《とくい》にしている俳優《はいゆう》が特別《とくべつ》に女方《おんながた》を演《えん》じることを「加役《かやく》」といいます。

女方《おんながた》（女形《おんながた》）（写真左下）

江戸時代《えどじだい》からずっと、歌舞伎俳優《かぶきはいゆう》になれるのは男性《だんせい》だけという決まりがあります。だからお姫様《ひめさま》・町娘《まちむすめ》・奥様《おくさま》・お婆《ばあ》さんなど、芝居《しばい》に登場する女性《じょせい》の役は、すべて男性《だんせい》の俳優《はいゆう》が演《えん》じます。男性俳優《だんせいはいゆう》が女性《じょせい》を演《えん》じること、またその俳優《はいゆう》のことを女方《おんながた》（女形《おんながた》）といいます。

化粧《けしょう》、姿勢《しせい》、しぐさ、せりふまわしなどで女性《じょせい》を表現《ひょうげん》する女方《おんながた》の演技《えんぎ》は、本物の女性《じょせい》よりも女性《じょせい》らしいといわれ、こうした演技《えんぎ》を数百年前から現代《げんだい》まで伝《つた》えているのは世界の演劇《えんげき》のなかでも非常《ひじょう》にめずらしいことです。

『新皿屋敷月雨暈《しんさらやしきつきのあまがさ》〜魚屋宗五郎《さかなやそうごろう》』

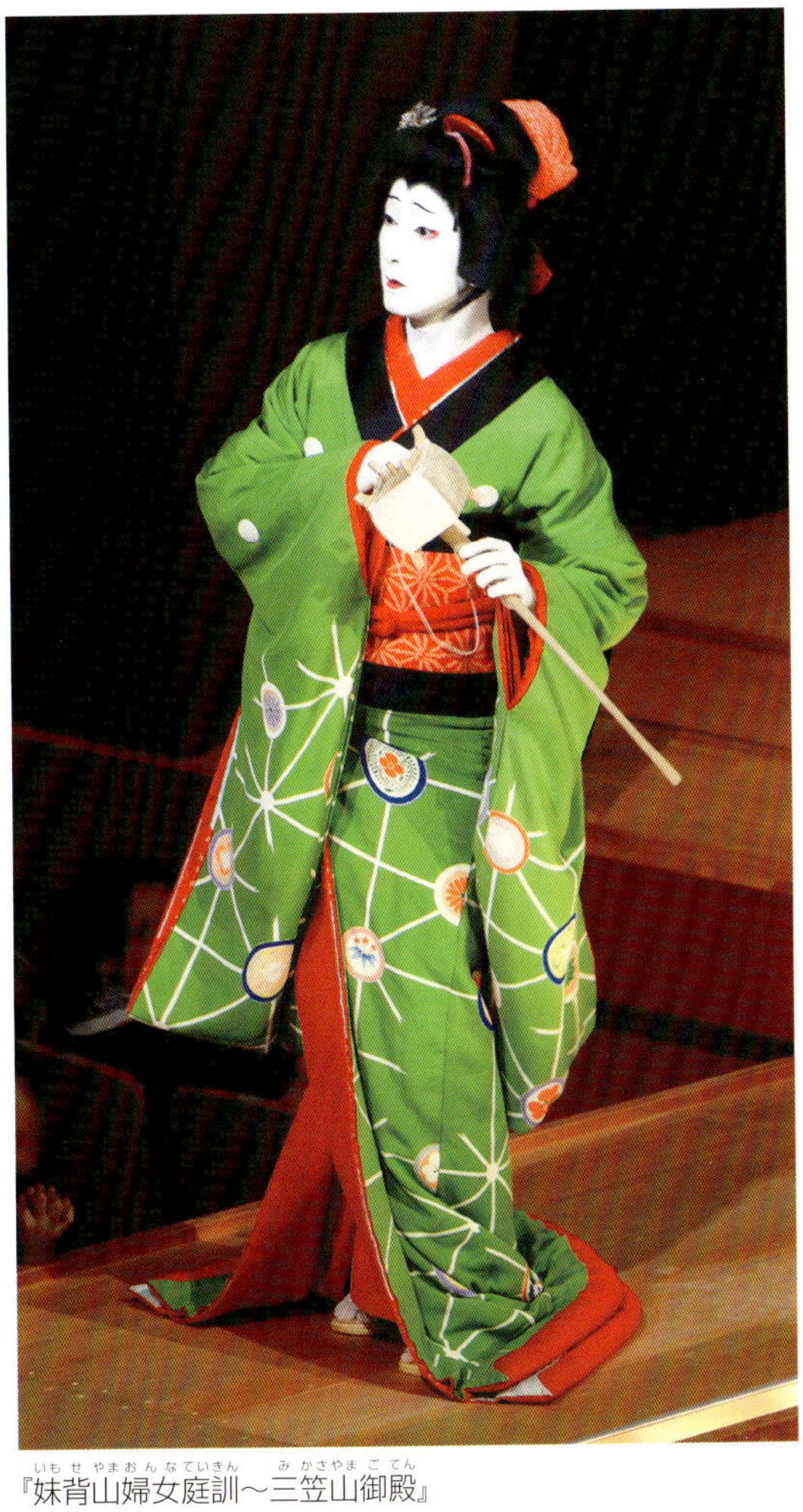

『妹背山婦女庭訓《いもせやまおんなていきん》〜三笠山御殿《みかさやまごてん》』

コラム 歌舞伎《かぶき》の家に生まれなくても歌舞伎俳優《かぶきはいゆう》になれる？

歌舞伎俳優《かぶきはいゆう》には「部屋子《へやご》」という制度《せいど》があります。部屋子《へやご》は幼《おさな》いときから師匠《ししょう》の俳優《はいゆう》にあずけられ、同じ楽屋《がくや》ですごしながら、芸《げい》はもちろん、楽屋《がくや》での行儀作法《ぎょうぎさほう》など、必要《ひつよう》な教育を受けながら舞台《ぶたい》に出ることができます。歌舞伎俳優《かぶきはいゆう》の家柄《いえがら》でなくても、実力があり将来《しょうらい》が期待される場合は、部屋子《へやご》になるケースが多く見られます。

歌舞伎俳優《かぶきはいゆう》の家に生まれた子どもが俳優《はいゆう》になると「御曹司《おんぞうし》」とよばれますが、そうした血縁関係《けつえんかんけい》や通常《つうじょう》の師弟関係《していかんけい》とはちがう形でも歌舞伎《かぶき》の舞台《ぶたい》に立つことができるのです。

【基礎知識編《きそちしきへん》】

化粧《けしょう》や隈取《くまどり》でわかる、役柄《やくがら》と性格《せいかく》

歌舞伎《かぶき》では、化粧《けしょう》に用いられる色そのものが、その人物の特徴《とくちょう》・性格《せいかく》と深くかかわっています。隈取《くまどり》は、それらの性格《せいかく》を極端《きょくたん》に強調して見せる役割《やくわり》をもっています。

化粧《けしょう》

一般《いっぱん》に歌舞伎《かぶき》では非常《ひじょう》に濃《こ》い化粧《けしょう》をしますが、これは照明《しょうめい》がなく、うす暗い江戸時代《えどじだい》の芝居小屋《しばいごや》でも、顔がはっきり見えるようにしたためだといわれています。

女方《おんながた》や、立役《たちやく》の善人《ぜんにん》・色男の役は、顔を白粉《おしろい》で真っ白にぬりつぶした上に、眉《まゆ》・唇《くちびる》などを描《えが》いていきます。

顔の色は役の性格《せいかく》ともかかわっていて、立役《たちやく》で顔を白くぬるのは、善人《ぜんにん》、知的《ちてき》、色気、冷徹《れいてつ》などの性格《せいかく》をあらわしています。

「砥《と》の粉《こ》」という顔料《がんりょう》を使ってぬられた肌色《はだいろ》の顔は、比較的《ひかくてき》リアルな役柄《やくがら》をあらわしますが、白と赤の色の強さの割合《わりあい》によって微妙《びみょう》な性格《せいかく》のちがいを表現《ひょうげん》することができます。

コラム 化粧《けしょう》はヘンシンの第一歩

役になりきるための最初《さいしょ》の一歩が化粧《けしょう》です。

歌舞伎《かぶき》の世界では、化粧《けしょう》は自分でするのが伝統《でんとう》となっています。小さなころは人にやってもらいますが、大きくなるにつれて、父親や先輩《せんぱい》たちに教わりながら、化粧方法《けしょうほうほう》を学んでいきます。

役柄《やくがら》によって、それぞれ決まった化粧《けしょう》がありますが、だんだんとなれてくると、自分なりの工夫《くふう》を入れた顔づくりをして、よりきれいに見えるように研究をしていきます。

隈取《くまどり》

隈取《くまどり》は、顔に紅《べに》（赤）・藍《あい》（青）・代赭《たいしゃ》（茶）の太い線を引く化粧《けしょう》のことで、人なみはずれたパワーの強さを表現《ひょうげん》しています。『暫《しばらく》』などの演目《えんもく》で用いられる紅《べに》の隈取《くまどり》は、正義《せいぎ》や勇猛《ゆうもう》といった性格《せいかく》をあらわします。また藍《あい》の隈取《くまどり》は冷《れい》酷《こく》・残忍《ざんにん》な悪人を、代赭《たいしゃ》の隈取《くまどり》は人間ではない妖怪変化《ようかいへんげ》などであることをあらわします。

隈取《くまどり》のいろいろ

紅《べに》(赤)色系《いろけい》

荒事《あらごと》（荒々《あらあら》しく豪快《ごうかい》な歌舞伎《かぶき》の演技《えんぎ》）の基本《きほん》である、勇気《ゆうき》・正義《せいぎ》・強さをもった役に使われます。

【むきみ隈《ぐま》】（『助六由縁江戸桜《すけろくゆかりのえどざくら》』の助六《すけろく》など）
目頭《めがしら》から眉《まゆ》の両端《りょうはし》にむけて、縦《たて》に隈《くま》を取ります。

【一本隈《いっぽんぐま》】（『菅原伝授手習鑑《すがわらでんじゅてならいかがみ》』の梅王丸《うめおうまる》など）
目尻《めじり》の横、ほおにかけて紅《べに》で一本の隈《くま》を取ります。

【二本隈《にほんぐま》】（『菅原伝授手習鑑《すがわらでんじゅてならいかがみ》』の松王丸《まつおうまる》など）
目頭《めがしら》から下まぶたと眉《まゆ》にそって、二本の筋《すじ》を取ります。

【火焔隈《かえんぐま》】（『義経千本桜《よしつねせんぼんざくら》』の狐忠信《きつねただのぶ》など）
一本隈《いっぽんぐま》を炎《ほのお》のように取り、額《ひたい》の筋《すじ》やねじった眉《まゆ》などで力強さをあらわします。

藍《あい》（青）色系《いろけい》

スケールの大きな敵役《かたきやく》や、亡霊《ぼうれい》などに使われます。

【公家荒《くげあ》れ】（『菅原伝授手習鑑《すがわらでんじゅてならいかがみ》』の藤原時平《ふじわらのしへい》など）
藍《あい》（青）で筋《すじ》を取り、額《ひたい》やほおの隈《くま》で不気味《ぶきみ》さをあらわします。

代赭《たいしゃ》（茶）色系《いろけい》

鬼《おに》や妖怪《ようかい》など、人間以外《いがい》の不気味《ぶきみ》な役に使われます。

【変化隈《へんげぐま》】（『土蜘蛛《つちぐも》』『茨木《いばらき》』など）
大きくさけた口は黒く、目、ほお、額《ひたい》に赤黒い隈《くま》を取ります。

【基礎知識編《きそちしきへん》】

役に合わせて大変身《だいへんしん》！

舞台《ぶたい》で演《えん》じる俳優《はいゆう》は、まず、役になりきるための化粧《けしょう》からはじめます。ここでは、中村獅童《なかむらしどう》さんが『菅原伝授手習鑑《すがわらでんじゅてならいかがみ》～車引《くるまびき》～』の松王丸《まつおうまる》に変身《へんしん》するまでを見てみましょう。

化粧《けしょう》スタート

①かつらをつけるため、羽二重《はぶたえ》（絹《きぬ》の布《ぬの》）を頭に巻《ま》き、顔全体にのばすように下地《したじ》のびんつけ油をぬります。

②水でといた白粉《おしろい》を、はけを使って、むらができないようにぬっていきます。

③首やえりもとなどは、スポンジを使って、たたくようにしながらのばしていきます。

④⑤紅《べに》をつけた筆で、顔の中央から隈《くま》を取りはじめます。筋《すじ》をかいたところは、指でぼかしていきます。

⑥油紅《あぶらべに》を指につけて、歌舞伎独特《かぶきどくとく》の口の形をつくります。

⑦⑧油墨《あぶらずみ》をつけた筆で眉《まゆ》や目張《めば》りをかき、指でぼかします。

きれいになあれ♪
化粧《けしょう》は自分でするんですって。
化粧《けしょう》をしながら、
だんだんと役になりきっていくのね

化粧台《けしょうだい》の前に置《お》かれた化粧道具《けしょうどうぐ》。隈取《くまどり》に使う三色と、白粉《おしろい》（中央左）、びんつけ油（中央右）。

ご愛読ありがとうございます

今後の出版の参考のため、みなさまのご意見・ご感想をお聞かせください。

〈年齢・性別の項目へのご回答は任意です〉

この本の書名『　　　　　　　　　　　　　　　　　　　　　　　　　』

この本の読者との関係

□ご本人　□その他（　　　　　　　　　　　　　　　　　　　　　　　　）

ご年齢（読者がお子さまの場合お子さまの年齢）　　　　　歳（性別　　　　）

この本のことは、何でお知りになりましたか？

□書店店頭　□新聞広告　□新聞・雑誌の記事　□ネットの記事　□人にすすめられて
□図書館・図書室　□偕成社の目録　□偕成社の HP・SNS
□その他（　　　　　　　　　　　　　　　　　　　　　　　　　　　　　）

作品へのご感想、ご意見、作者へのおたよりなど、お聞かせください。

ご感想を、匿名でウェブサイトをふくむ宣伝物に使用させていただいてもよろしいですか？　□匿名で可　□不可

郵便はがき

料金受取人払郵便

牛込局承認

5435

差出有効期間
2025年2月28日
(期間後は切手を
おはりください。)

162-8790

東京都新宿区市谷砂土原町 3-5

偕成社 愛読者係 行

ご住所	〒□□□-□□□□ 都・道 府・県 ふりがな		
お名前	ふりがな	お電話	

●ロングセラー&ベストセラー目録の送付を…… □希望する □希望しない

●新刊案内を…… □希望する→メールマガジンでご対応しております。メールアドレスをご記入ください。
□希望しない

@

偕成社の本は、全国の書店でおとりよせいただけます。

小社から直接ご購入いただくこともできますが、その際は本の代金に加えて送料+代引き手数料(300円~600円)を別途申し受けます。あらかじめご了承ください。ご希望の際は 03-3260-3221 までお電話ください。

SNS (Twitter・Instagram・LINE・Facebook) でも本の情報をお届けしています。くわしくは偕成社ホームページをご覧ください。

オフィシャルサイト
偕成社ホームページ
http://www.kaiseisha.co.jp/

偕成社ウェブマガジン
kaisei web
http://kaiseiweb.kaiseisha.co.jp/

*ご記入いただいた個人情報は、お問い合わせへのお返事、目録の送付以外の目的には使用いたしません。

舞台《ぶたい》で見得《みえ》をする松王丸《まつおうまる》にふんした中村獅童《なかむらしどう》さん

かつらをかける

床山《とこやま》さんに、かつらをかけてもらいます。

衣裳《いしょう》を着る

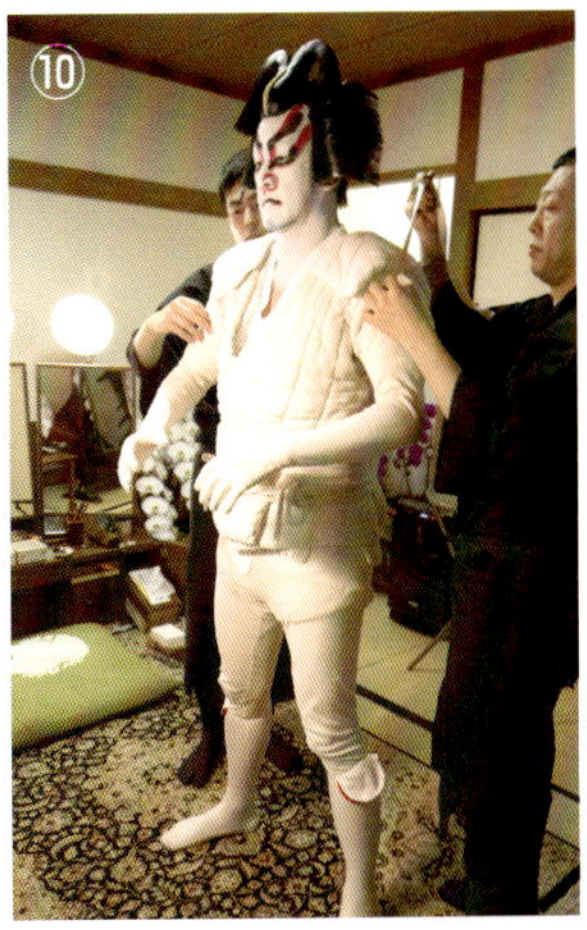

体を大きく見せるように、着《き》肉《にく》（布《ぬの》のなかに綿《わた》を入れたもの）をつけてから、下着、着物と順《じゅん》に衣裳《いしょう》をかさねていきます。歌舞伎独特《かぶきどくとく》の重い衣裳《いしょう》は、立ち回りのときにくずれないように、衣裳《いしょう》さん、お弟《で》子《し》さんたちがしっかりと着つけをします。

舞《ぶ》台《たい》を盛《も》りあげる歌《か》舞《ぶ》伎《き》の音楽

俳優《はいゆう》の登場を盛《も》りあげたり、場面の雰囲気《ふんいき》を背景《はいけい》として描《えが》きだしたり、舞踊《ぶよう》の伴奏《ばんそう》にも使われる音楽。歌舞伎《かぶき》にとって、魅力《みりょく》ある音楽は欠《か》かせないものです。

黒御簾《くろみす》で演奏《えんそう》する三味線方《しゃみせんかた》と囃子方《はやしかた》

歌舞伎《かぶき》という当て字は、歌（音楽）・舞《まい》（踊《おど》り）・伎《き》（俳優《はいゆう》）という要素《ようそ》をうまくあらわしています。歌舞伎《かぶき》は音楽と深く結《むす》びついて発展《はってん》してきました。当初《とうしょ》は能《のう》で用いられる楽器《がっき》をそのまま使っていましたが、十六世紀《せいき》ごろに新しく三味線《しゃみせん》が用いられるようになると、歌舞伎《かぶき》の音楽はほかの芸能《げいのう》とはちがう独《どく》特《とく》の魅力《みりょく》をもつようになりました。

芝居《しばい》を盛《も》りあげる黒御簾音楽《くろみすおんがく》

舞台下手《ぶたいしもて》（客席《きゃくせき》から見て左側《ひだりがわ》）で演奏《えんそう》される黒御簾音楽《くろみすおんがく》（「下座音楽《げざおんがく》」ともいいます）は、祭りのにぎやかさ、寺のさびしい感じ、田舎《いなか》ののんびりした雰囲気《ふんいき》、合戦《かっせん》のようすなど、芝居《しばい》の場面に合わせていろいろなイメージを表現《ひょうげん》する音楽です。

幽霊《ゆうれい》が出てくるときの「ヒュードロドロ」も黒御簾音楽《くろみすおんがく》の一つで、ヒューは笛の音、ドロドロは大太鼓《おおだいこ》の音であらわしています。

外から見た黒御簾《くろみす》

また人物が登場・退場《たいじょう》するときや、演技《えんぎ》をしたり、せりふをいったりするときの背景《はいけい》に流れる音楽として演奏《えんそう》され、芝居《しばい》を盛《も》りあげる役割《やくわり》もします。

長唄《ながうた》の唄《うた》と三味線《しゃみせん》のほか、太鼓《たいこ》・小鼓《こつづみ》・大《おお》鼓《つづみ》・笛・鉦《かね》・木魚《もくぎょ》などの、さまざまな鳴物《なりもの》によって演奏《えんそう》されます。

【ガリ時計】棒《ぼう》を持ってふりまわすと、ゼンマイじかけのような音がします。時を知らせる楽器《がっき》として使われます。

【締《し》め太鼓《だいこ》】皮の中央にある小さな鹿皮《しかがわ》をめがけてバチで打ちます。高く華《はな》やかな音がするので、祭《まつ》り囃子《ばやし》などに使われます。

いろいろな楽器《がっき》がそろえられています。

コラム

自然《しぜん》の音を太鼓《たいこ》で表現《ひょうげん》

歌舞伎《かぶき》では自然現象《しぜんげんしょう》の音を大太鼓《おおだいこ》であらわすことができます。「雷《かみなり》の音」や「雨音」「風音」のほか、川の流れや海の波をあらわす「水音」「波音」、雪の降《ふ》るようすをあらわす「雪音」もあります。

これらは本物の雨や風の音を再現《さいげん》しようとしたものではなく、あくまでそのイメージを太鼓《たいこ》一つであらわそうとしたものです。

たとえば実際《じっさい》に降《ふ》るときには音のしない雪でも、芝居《しばい》のなかで雪音を聞くと、まるで雪が降《ふ》っているかのように感じてしまうのが不思議《ふしぎ》なところです。

【当《あた》り鉦《がね》】しんちゅうでできています。撞木《しゅもく》で中から縁《ふち》をこするように打ちます。祭りの場面などで使われます。

【オルゴール】四個《こ》のお椀型《わんがた》のリン（鉦《かね》）が木の板に垂直《すいちょく》にならんでいます。天界《てんかい》、御殿《ごてん》の場面などに使われます。

【銅鑼《どら》】青銅《せいどう》などでできた円盤《えんばん》をひもでつるし、バチで打ち鳴らします。バチの先を布《ぬの》で丸くつつんであるので、低《ひく》く、さびのある音が出ます。

【双盤《そうばん》】大きな鉦《かね》が木の枠《わく》に固定《こてい》されています。音が強く迫力《はくりょく》があるので、立ち回りのときなどに使われます。

【本釣り鐘《ほんつりがね》】お寺の釣《つ》り鐘《がね》を小さくしたもの。「ゴォーン」という鐘《かね》の音《ね》を鳴らすのに使います。場面展開《ばめんてんかい》の重要《じゅうよう》な部分で多く使われます。

舞台上《ぶたいじょう》で演奏《えんそう》される音楽

歌舞伎《かぶき》の音楽には、黒御簾《くろみす》のなかで演奏《えんそう》される音楽のほかにも、それぞれの演目《えんもく》に合わせて舞台上《ぶたいじょう》で演奏《えんそう》される音楽があります。

長唄《ながうた》

歌舞伎《かぶき》のほとんどの演目《えんもく》で黒御簾音楽《くろみすおんがく》として用いられますが、舞踊《ぶよう》の伴奏《ばんそう》としても舞台《ぶたい》で演奏《えんそう》されます。演奏者《えんそうしゃ》は、「唄方《うたかた》」と「三味線方《しゃみせんかた》」に分かれ、毛《もう》せんがかけられた「雛壇《ひなだん》」とよばれる台の上に唄方《うたかた》と三味線方《しゃみせんかた》がならびます。明るいひびきと規則正《きそくただ》しいリズムが特徴《とくちょう》です。三味線《しゃみせん》は「細棹《ほそざお》」を使用します。

◀見台《けんだい》(譜面《ふめん》を置《お》く台)に注目
桐製《きりせい》で足が交差《こうさ》しています。

竹本《たけもと》

「義太夫節《ぎだゆうぶし》」という浄瑠璃《じょうるり》(三味線《しゃみせん》の伴奏《ばんそう》で長い物語を語る芸《げい》)を演奏《えんそう》する人のことを歌舞伎《かぶき》では竹本《たけもと》とよびます。義太夫狂言《ぎだゆうきょうげん》(→P26)で俳優《はいゆう》の演技《えんぎ》に合わせて登場人物の動きや心情《しんじょう》を語り、ナレーションのような役割《やくわり》をはたします。また舞踊《ぶよう》の伴奏《ばんそう》としても用いられます。ドラマチックな語り方と、重厚《じゅうこう》な低音《ていおん》の「太棹《ふとざお》」の三味線《しゃみせん》に特徴《とくちょう》があります。

見台《けんだい》に注目▶
黒ぬりで房《ふさ》がついています。

常磐津《ときわず》

主に舞踊《ぶよう》の伴奏《ばんそう》に用いられるほか、芝居《しばい》の背景《はいけい》に流れる音楽として演奏《えんそう》されることもあります。同じ浄瑠璃《じょうるり》でも義太夫節《ぎだゆうぶし》にくらべて軽やかなイメージで、高音を使う語りに特徴《とくちょう》があります。三味線《しゃみせん》は「中棹《ちゅうざお》」を使用します。

◀見台《けんだい》に注目
朱《しゅ》ぬりで“タコ足”とよばれる丸みのある足が特徴《とくちょう》です。清元《きよもと》(→P23)の見台《けんだい》と同じ形のものもあります。

『京鹿子娘道成寺《きょうがのこむすめどうじょうじ》』

清元《きよもと》

舞踊《ぶよう》の伴奏《ばんそう》や、男女の恋《こい》の場面などの背景《はいけい》に流れる音楽として演奏《えんそう》されます。情緒《じょうちょ》あふれる語りを効果的《こうかてき》に高い裏声《うらごえ》で聞かせたり、鼻音《びおん》を使ったりする、技《ぎ》巧的《こうてき》な発声方法《はっせいほうほう》が特徴《とくちょう》です。三味線《しゃみせん》は、常磐津《ときわず》と同じく「中棹《ちゅうざお》」を使用します。

◀見台《けんだい》に注目　黒ぬりで一本足のシンプルな形です。

コラム　効果音《こうかおん》に注目！

楽器《がっき》のほかにも、舞台《ぶたい》を演出《えんしゅつ》するためにいろいろなものを使って自然《しぜん》の音を表現《ひょうげん》しています。歌《か》舞《ぶ》伎《き》を見るときには、こういった効果音《こうかおん》もいっしょに楽しみましょう。

【カエルの鳴き声】
貝の
ギザギザの
面をこすり
あわせます。

【雷車《らいしゃ》】
床《ゆか》の上で
転がすと、
ゴロゴロと
雷《かみなり》のような
音がします。

【擬音笛《ぎおんぶえ》】
木でできた大小さまざまな笛で、いろいろな鳥や虫の鳴き声を表現《ひょうげん》します。

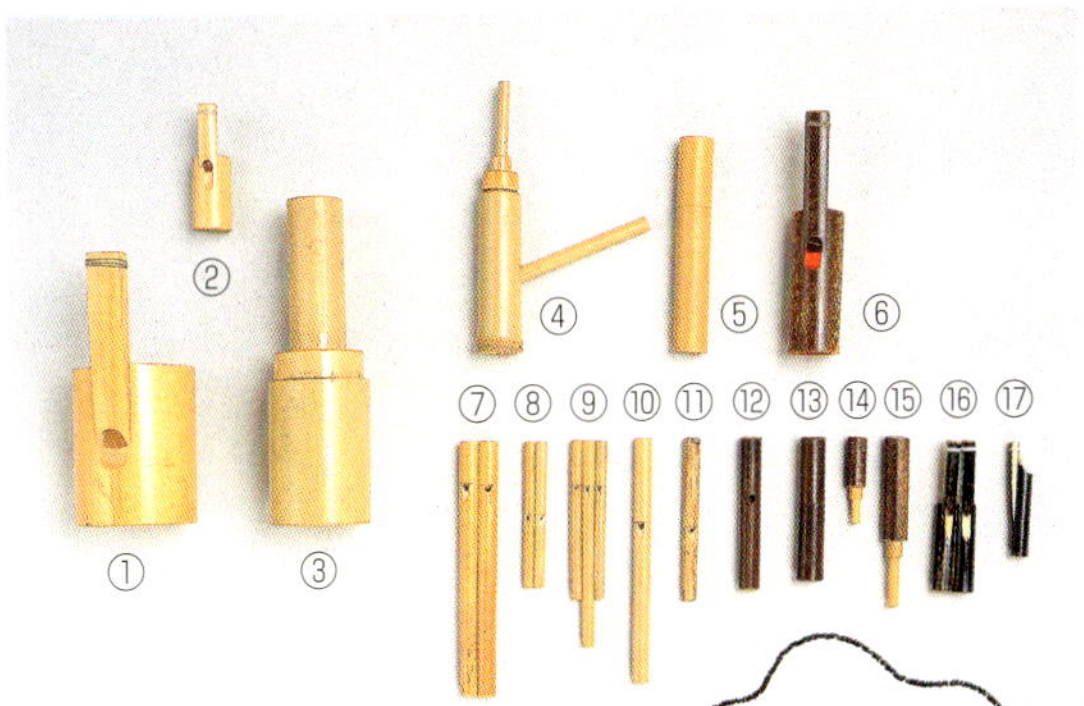

①かっこう　②うぐいす
③馬のいななき　④水小鳥
⑤からす　⑥ほととぎす　⑦あんま
⑧虫　⑨ひぐらし　⑩小鳥　⑪呼子《よぶこ》
⑫かじか　⑬にわとり　⑭もず
⑮赤ちゃん　⑯とんび　⑰千鳥

ケロケロケロ
あら？
カエルの声だわ。
どこに
いるのかな？

【基礎知識編《きそちしきへん》】

一度は見たい人気の演目《えんもく》

舞台《ぶたい》で演《えん》じられる歌舞伎《かぶき》にはとても多くの作品がありますが、内容《ないよう》によって大きく三つに分けることができます。

江戸時代《えどじだい》よりもずっとむかしの時代の歴史上《れきしじょう》の事件《じけん》や合戦《かっせん》、有名な人物を描《えが》いた「時代物《じだいもの》」、江戸時代《えどじだい》の町人たちの生活を描《えが》いた「世話物《せわもの》」、長唄《ながうた》、常磐津《ときわず》、清元《きよもと》などの音楽にのせて、俳優《はいゆう》が華《はな》やかな衣裳《いしょう》で舞《ま》い、美しい動きを見せたり、人間のさまざまな姿《すがた》を体で描《えが》きだしたりする「舞踊《ぶよう》」です。

ここでは、それぞれのなかでも人気のある作品をいくつか紹介《しょうかい》しましょう。

時代物《じだいもの》

義経千本桜《よしつねせんぼんざくら》 (写真上)

源平《げんぺい》の合戦《かっせん》を背景《はいけい》に、兄の頼朝《よりとも》から反逆《はんぎゃく》の疑《うたが》いをかけられた源義経《みなもとのよしつね》をめぐる事件《じけん》を描《えが》いています。討《う》ち死《じ》にしたはずの平知盛《たいらのとももり》が実は生きていて義経《よしつね》の命をねらう「渡海屋《とかいや》・大物浦《だいもつのうら》」、悪者と思われていた、いがみの権太《ごんた》が、命をかけて主人を助けようとする「すし屋」、狐《きつね》が義経《よしつね》の家来《けらい》の佐藤忠信《さとうただのぶ》にばけてあらわれる「河連法眼館《かわつらほうげんやかた》」(四《し》の切《きり》)など、奇抜《きばつ》な発想で歴史《れきし》をだいたんにアレンジした作品です。知《とも》盛《もり》の壮絶《そうぜつ》な最期《さいご》、忠信《ただのぶ》が狐《きつね》の本性《ほんしょう》をあらわす独特《どくとく》の演技《えんぎ》や早変《はやが》わりなど、ダイナミックでユニークな演出《えんしゅつ》も見どころです。

仮名手本忠臣蔵《かなでほんちゅうしんぐら》

「赤穂義士《あこうぎし》の敵討《かたきう》ち」として知られる有名な事件《じけん》を題材《だいざい》にした作品です。高師直《こうのもろのう》にはずかしめられた塩冶判官《えんやはんがん》は師直《もろのう》にきりかかり切腹《せっぷく》を命じられます。大星由良之助《おおぼしゆらのすけ》をはじめとする四十七人の家臣《かしん》たちは苦労《くろう》をかさね、つい

に師直《もろのう》を討《う》って殿様《とのさま》のうらみを晴らします。判官《はんがん》が無念《むねん》の思いを大星《おおぼし》に伝《つた》える「四段目《よだんめ》」、家臣《かしん》の早野勘平《はやのかんぺい》が悲劇的《ひげきてき》な死をとげる「六段目《ろくだんめ》」、「七段目《しちだんめ》」など、大星《おおぼし》が敵《てき》のスパイの目をあざむく「七段目」など、名場面ばかりの名作。圧倒的《あっとうてき》な人気があり、江戸時代《えどじだい》から現代《げんだい》まで日本人に親しまれてきた物語です。

世話物《せわもの》

青砥稿花紅彩画《あおとぞうしはなのにしきえ》（白浪五人男《しらなみごにんおとこ》）（写真下）

おともの侍《さむらい》をつれて呉服屋《ごふくや》にやってきた娘《むすめ》が、実は弁天小僧《べんてんこぞう》という盗賊《とうぞく》で、ゆすりを見やぶられると、「知らざあいって聞かせやしょう」と名乗りをあげ、ゆうゆうと去っていきます。

「稲瀬川勢揃《いなせがわせいぞろ》いの場《ば》」では、五人の盗賊《とうぞく》がそろいの衣裳《いしょう》でずらりとならび、つかまえにやってきた捕《と》り手《て》たちをけちらして、にげのびていきます。

美しい娘《むすめ》が実は盗賊《とうぞく》だったという意外な展《てん》開《かい》、一人の俳優《はいゆう》が女性《じょせい》と男性《だんせい》とをあざやかに演《えん》じわけるおもしろさ、リズミカルな七五調《しちごちょう》のせりふと華《はな》やかな下座音楽《げざおんがく》（↓P20）など、歌舞伎《かぶき》の魅力《みりょく》がつまった大人気の演目《えんもく》です。

東海道四谷怪談《とうかいどうよつやかいだん》（写真左）

夫《おっと》の民谷伊右衛門《たみやいえもん》に裏切《うらぎ》られ、うらみをもって死んだお岩《いわ》は、幽霊《ゆうれい》となって伊右衛門《いえもん》らを苦しめます。

退場《たいじょう》した一人の俳優《はいゆう》があっというまに別《べつ》の人物になって登場する「早変《はやが》わり」や、幽霊《ゆうれい》が空中をただよう「宙乗《ちゅうの》り」のほか、お岩《いわ》の霊《れい》が出《しゅつ》現《げん》するときの「戸板返《といたがえ》し」（一枚《まい》の板の裏表《うらおもて》をひっくり返すことで早変《はやが》わりを見せる）、「提灯抜《ちょうちんぬ》け」（提灯《ちょうちん》のなかから幽霊《ゆうれい》がとびだす）など、観客《かんきゃく》をびっくりさせるようなしかけがたくさん用いられています。

江戸時代《えどじだい》の庶民《しょみん》の生活や会話が生々《なまなま》しくリアルに描《えが》かれているのも大きな特徴《とくちょう》です。

歌舞伎舞踊《かぶきぶよう》

京鹿子娘道成寺《きょうがのこむすめどうじょうじ》

清姫《きよひめ》が、僧安珍《そうあんちん》に恋《こい》するあまり、ついに蛇《へび》に変身《へんしん》して安珍《あんちん》を殺《ころ》してしまったという有名な伝説《でんせつ》をもとにしています。

伝説《でんせつ》の舞台《ぶたい》となった道成寺《どうじょうじ》で、新しくつくられた鐘《かね》の供養《くよう》に、美しい白拍子《しらびょうし》（女性《じょせい》の踊《おど》り子《こ》）がやってきます。実はその正体は清姫《きよひめ》の亡霊《ぼうれい》で、うらみの残《のこ》る鐘《かね》に大蛇《だいじゃ》の姿《すがた》となって巻《ま》きつきます。

歌舞伎舞踊《かぶきぶよう》のなかでもトップクラスの大《たい》曲《きょく》で、「引抜《ひきぬき》」によって衣裳《いしょう》を次々《つぎつぎ》に変《か》えながら、さまざまな女性《じょせい》の姿《すがた》や心情《しんじょう》を踊《おど》りで描《えが》きだしていくのが見どころです。長唄《ながうた》もすばらしい名曲として知られています。

コラム 「義太夫狂言《ぎだゆうきょうげん》」ってなに？

もともとは人形浄瑠璃《にんぎょうじょうるり》の作品としてつくられた演目《えんもく》を、歌舞伎《かぶき》に移《うつ》しかえて、人間の俳優《はいゆう》が演《えん》じるようにアレンジした演目《えんもく》がたくさんあります。人形浄瑠璃《にんぎょうじょうるり》で演奏《えんそう》される「義太夫節《ぎだゆうぶし》」の語りと三味線《しゃみせん》が入ることから、これを「義太夫狂言《ぎだゆうきょうげん》」「義太《ぎだ》夫物《ゆうもの》」などとよびます。

義太夫節《ぎだゆうぶし》のリズムに合わせてせりふをいったり、人形の動きをまねた動きをするなど、ほかの歌舞《かぶ》伎《き》の演目《えんもく》とは少しちがった独特《どくとく》の様式的《ようしきてき》な演技《えんぎ》が見られます。

また格調《かくちょう》の高さや物語の複雑《ふくざつ》なおもしろさなどから、歌舞伎《かぶき》の古典的《こてんてき》な演目《えんもく》のなかでも重要《じゅうよう》なものとしてあつかわれています。

とくに現在上演《げんざいじょうえん》される時代物《じだいもの》の多くは義太夫狂《ぎだゆうきょう》言《げん》です。人形浄瑠璃《にんぎょうじょうるり》と同じように、歌舞伎《かぶき》でも『仮名手本忠臣蔵《かなでほんちゅうしんぐら》』『菅原伝授手習鑑《すがわらでんじゅてならいかがみ》』『義経千本《よしつねせんぼん》桜《ざくら》』は三大名作とよばれ、人気を集めています。

春興鏡獅子《しゅんきょうかがみじし》

江戸城《えどじょう》の正月の祝《いわ》い行事の日、小姓《こしょう》（召《め》し使《つか》いの少女）が踊《おど》りを披露《ひろう》しますが、手にした獅子頭《ししがしら》に獅子《しし》の精《せい》が宿《やど》り、姿《すがた》をあらわした獅子《しし》の精《せい》が勇壮《ゆうそう》な舞《まい》を見せます。

前半のかわいらしい小姓《こしょう》と後半の豪快《ごうかい》な獅子《し》子の精《せい》とを、一人の俳優《はいゆう》が見事に踊《おど》りわけるのが見どころです。獅子《しし》の精《せい》が舞台《ぶたい》を引きずるほどの長い髪《かみ》の毛《け》を豪快《ごうかい》にふりまわすところは、典型的《てんけいてき》な歌舞伎《かぶき》のイメージとしておなじみです。

コラム 歌舞伎十八番《かぶきじゅうはちばん》

「歌舞伎十八番《かぶきじゅうはちばん》」とは、市川団十郎家《いちかわだんじゅうろうけ》に伝《つた》わる十八の得意演目《とくいえんもく》のことです。江戸時代《えどじだい》に七代目の市川団十郎《いちかわだんじゅうろう》（一七九一～一八五九）が選定《せんてい》して以来《いらい》、現在《げんざい》まで伝《つた》えられています。

しかし、先祖《せんぞ》の団十郎《だんじゅうろう》が得意《とくい》にしていたのはわかっていても、内容《ないよう》がよく伝《つた》わっていないものも多く、長いあいだ上演《じょうえん》されない作品もありましたが、じょじょに復活《ふっかつ》して上演《じょうえん》されています。

「歌舞伎十八番《かぶきじゅうはちばん》」のなかでも、『暫《しばらく》』（写真）『鳴神《なるかみ》』『勧進帳《かんじんちょう》』は、市川団十郎家《いちかわだんじゅうろうけ》が得意《とくい》とする「荒事《あらごと》」（英雄《えいゆう》が超人的《ちょうじんてき》な力を発揮《はっき》して活躍《かつやく》する演技《えんぎ》）の代表的《だいひょうてき》な演目《えんもく》です。

得意《とくい》とするものを「十八番《じゅうはちばん》」「十八番《おはこ》」とよぶのは、この歌舞伎《かぶき》十八番《じゅうはちばん》からきている言葉だという説《せつ》もあります。

【支《ささ》える人たち編《へん》】

大道具《おおどうぐ》

華《はな》やかな舞台《ぶたい》をつくりだす職人《しょくにん》集団《しゅうだん》

大道具《おおどうぐ》ができるまでの流れ

骨組《ほねぐ》みをつくる（大工《だいく》）

デザインのもとになる「道具帳《どうぐちょう》」からかきおこした図面にしたがって、家屋の骨組《ほねぐ》みをつくります。使われる木材《もくざい》は、ほとんどが軽くて丈夫《じょうぶ》な杉《すぎ》などです。

「道具帳《どうぐちょう》」のデザイン画をもとにして、平面図と分解図《ぶんかいず》（書きぬき）をかきおこします。

切りわけた木材《もくざい》を、大きなベニヤ板に、釘《くぎ》で打ちつけていきます。

丸太《まるた》も用途《ようと》に合わせて長さをそろえます。

広いしごと場で、「道具帳《どうぐちょう》」に合わせて木材《もくざい》を切り、骨組《ほねぐ》みをつくります。実際《じっさい》の建物《たてもの》とはちがい、木わくに布《ぬの》や紙をはって本物らしく組みたてていきます。

大道具《おおどうぐ》さんのしごと

【金井大道具株式会社《かないおおどうぐかぶしきがいしゃ》】

舞台装置《ぶたいそうち》のことを歌舞伎《かぶき》では「大道具《おおどうぐ》」とよびます。山のなかや海岸、田畑といった自然《しぜん》の風景《ふうけい》をはじめ、立派《りっぱ》な屋敷《やしき》、庶民《しょみん》の住まい、神社や寺など、あらゆる場面を書割《かきわり》（背景画《はいけいが》）、屋体《やたい》（建物《たてもの》）、切りだし（樹木《じゅもく》・灯籠《とうろう》などを板を切りぬいてつくったもの）などで表現《ひょうげん》します。

場面の変《か》わり目《め》では、芝居《しばい》の進行のさまたげにならないよう、息を合わせてすばやく大道具《おおどうぐ》を転換《てんかん》（場面転換《ばめんてんかん》）させます。

大道具《おおどうぐ》のしごとのスタートとなるのが、舞台美術家《ぶたいびじゅつか》がつくるデザイン画「道具帳《どうぐちょう》」で、実際《じっさい》の舞台《ぶたい》の五十分の一（または四十分の一）に縮小《しゅくしょう》してかかれています。それを舞台《ぶたい》サイズに正確《せいかく》に拡大《かくだい》しながら、木工部《もっこうぶ》が建物《たてもの》を製作《せいさく》し、紙をはり、そこに絵《え》かき担当《たんとう》が色をつけて仕上げていきます。

屋根、壁《かべ》などをぬる（塗方《ぬりかた》）

大道具《おおどうぐ》の屋根や壁《かべ》、塀《へい》など立体的《りったいてき》なものの色づけを担当《たんとう》するのが塗方《ぬりかた》です。歌舞伎《かぶき》の伝統的《でんとうてき》な様式美《ようしきび》を守りながら、俳優《はいゆう》を引きたて、気持ちよく演技《えんぎ》できるような舞台《ぶたい》づくりを心がけています。

木でつくられた壁《かべ》や背景《はいけい》は、色をぬる前に紙をはって下地《したじ》をつくります。

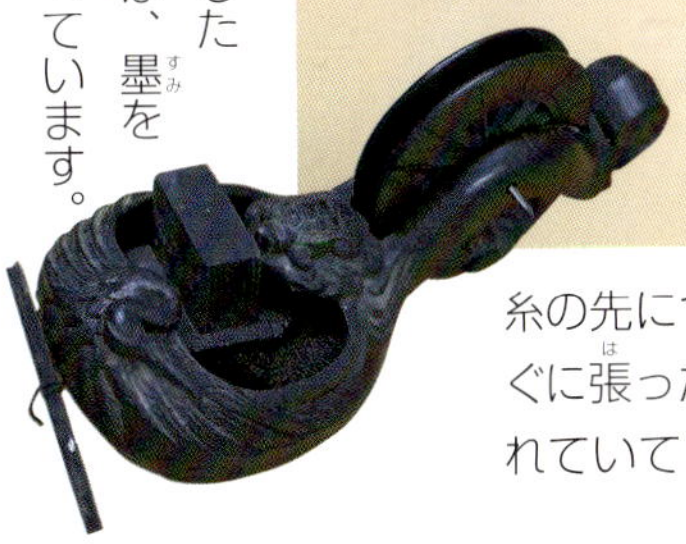

靴《くつ》のような形をした墨《すみ》つぼ。つぼには、墨《すみ》をふくんだ綿《わた》が入っています。

糸の先についている小さなきりを板にさし、まっすぐに張《は》った糸を指ではじいて墨線《すみせん》をつけます。はなれていても正確《せいかく》に長い直線を引くことができます。

色にむらができないように、大刷毛《おおばけ》を使って、すばやくていねいにぬっていきます。

ミニ知識《ちしき》 大道具《おおどうぐ》さん必須《ひっす》アイテム 三角スケール

大道具《おおどうぐ》さんたちは、大道具《おおどうぐ》の大きさ、材料《ざいりょう》のサイズなど、物の長さをはかるときに尺貫法《しゃっかんほう》（長さ・面積《めんせき》・体積《たいせき》などの単位《たんい》で、一尺《しゃく》は約《やく》三十センチ）を使用しています。三角スケールは、六つの辺《へん》がそれぞれ 1／10 1／20 1／30 1／40 1／50 1／60の六種《しゅ》類《るい》の縮尺《しゅくしゃく》がはかれるものさしで、職人《しょくにん》たちにとってはなくてはならないすぐれものです。

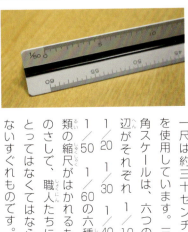

背景《はいけい》などを描《えが》く（絵かき）

幕《まく》があいたときにぱっと目にとびこんでくる華《はな》やかな背景画《はいけいが》は、どのようにかかれているのでしょうか。大きな舞台《ぶたい》では、ふつうの絵のように写実的《しゃじつてき》に描《えが》くと弱くなるため、歌舞伎《かぶき》ならではの伝統的《でんとうてき》な描《えが》き方《かた》の工夫《くふう》があります。

❶ 道具帳《どうぐちょう》を参考《さんこう》にして、全体の寸法《すんぽう》を図版《ずはん》におこします。

❷ 全体にしわのないよう、生地《きじ》をベニア板に張《は》りこみます。

❸ 道具帳《どうぐちょう》を参考《さんこう》にしながら、チョークをつけた棒《ぼう》で下絵をかいていきます。

【絵の具と刷毛《はけ》】

基本色《きほんしょく》は、ツヤラ（青み）、紅柄《べにがら》（赤み）、黄土《おうど》（黄色み）、胡粉《ごふん》（かき殻《がら》からつくる白）、黒（松煙黒《しょうえんぐろ》）の５種類《しゅるい》です。

❹ 最初《さいしょ》は、刷毛《はけ》を使って泥絵《どろえ》の具《ぐ》（粘土《ねんど》などを顔料《がんりょう》とした、不透明《ふとうめい》絵の具）で、ぬりこんでいきます。

❺ 刷毛《はけ》で、ぼかしぬりすることで、奥行《おくゆ》きを出します。

❻ 山や樹々《きぎ》などの風景《ふうけい》をかきあげていきます。1本の刷毛《はけ》の両側《りょうがわ》にちがう色をつけて、画面の上でまぜながらぬることで、きれいなぼかしが出ます。

❼「たらしこみ」という色をにじませる方法《ほうほう》で、山を仕上げていきます。

❽ 背景《はいけい》のなかに、わらぶき屋根の家をかいて仕上げます。

コラム　歌舞伎《かぶき》を支《ささ》える職人《しょくにん》熟練《じゅくれん》の技《わざ》で

「ツケ打ち」「幕引《まくひ》き」のしごとも大《おお》道具《どうぐ》の担当《たんとう》です。

【ツケ打ち】

俳優《はいゆう》の演技《えんぎ》に合わせて、舞台上手《ぶたいかみて》のすみに置《お》かれた、「ツケ板《いた》」とよばれる板に木を打ちつけて効果音《こうかおん》を出す人を「ツケ打ち」とよびます。俳優《はいゆう》の動きと呼吸《こきゅう》がぴったりと合った「ツケ」を打つには、高度な技術《ぎじゅつ》がもとめられます。

【幕引《まくひ》き】

定式幕《じょうしきまく》のあけしめを担当《たんとう》する人です。なにげなく見ている幕《まく》のあけしめですが、演目《えんもく》によって速度を変《か》えたり、ツケや下座音楽《げざおんがく》に合わせたりと、芝居《しばい》の内容《ないよう》をよく理解《りかい》していないとできない、重要《じゅうよう》な役割《やくわり》をはたしています。

舞台《ぶたい》で組みたてる

舞台《ぶたい》は演目《えんもく》が決まってから、約《やく》二週間で完成《かんせい》させます。大道具《おおどうぐ》は、約《やく》一か月の公演《こうえん》のあいだ使うものなので、しっかりとつくられていますが、公演《こうえん》が終わるとすぐにとりこわさなければならないので、「丈夫《じょうぶ》でこわしやすい」という考えにもとづいてつくられています。

劇場《げきじょう》に運びこまれた大道具《おおどうぐ》を組みたてます。場面転換《ばめんてんかん》の手順《てじゅん》や道具帳《どうぐちょう》どおりに仕上がっているかを一つ一つチェックします。

客席《きゃくせき》からは見えませんが、舞台裏《ぶたいうら》の天井《てんじょう》はとても高く、大きな背景《はいけい》が何枚《なんまい》もつるされています。

わらぶき屋根が運ばれてきました。

たくさんの屋体《やたい》や場面を短時間で完成《かんせい》させなければならないので、それぞれが責任《せきにん》をもって、てきぱきと、しごとをこなしていきます。

わらぶき屋根と家屋を合体させます。屋根を乗せるときはセリを落として、舞台上《ぶたいじょう》での作業をしやすくします。

どんどん組みたてられていくね。ぼくも手伝《てつだ》おう!

ミニインタビュー

「自然《しぜん》の風景《ふうけい》をよく観察《かんさつ》するようになりました」

金井大道具株式会社《かないおおどうぐかぶしきがいしゃ》
美術統括《びじゅつとうかつ》　大塚義紀《おおつかよしのり》 さん

はじめて歌舞伎《かぶき》の舞台《ぶたい》を見たときに、背景《はいけい》に描《えが》かれている満開《まんかい》の桜《さくら》や雪のつもった松《まつ》の枝《えだ》などは、もわもわっとしていて、「本物とずいぶんちがうな」と思いましたが、自然《しぜん》をよく観察《かんさつ》すると、このかき方が歌舞伎《かぶき》の世界を表現《ひょうげん》するうえで、実物をとてもうまく描《えが》いていることに気づきました。資料《しりょう》などを見て学ぶうちに、先人たちが受けついできた歌舞伎《かぶき》独特《どくとく》の手法《しゅほう》に興味《きょうみ》をもつようになりました。

舞台背景《ぶたいはいけい》や大道具《おおどうぐ》は、ただ舞台《ぶたい》を華《はな》やかにいろどるだけのものではなく、俳優《はいゆう》さんの演技《えんぎ》を引きたてる大事な要素《ようそ》です。俳優《はいゆう》さんが気持ちよく演技《えんぎ》してくれれば、お客様にもそれが伝《つた》わり楽しんでいただける。わたしたちのしごとは、直接舞台《ちょくせつぶたい》には立たないけれど、俳優《はいゆう》さんといっしょに「歌舞伎《かぶき》」の舞《ぶ》台《たい》を支《ささ》えていると感じています。

小道具《こどうぐ》

より本物らしく魅《み》せる小道具《こどうぐ》

『京鹿子娘道成寺《きょうがのこむすめどうじょうじ》』の白拍子花子《しらびょうしはなこ》が踊《おど》るときに使う小道具《こどうぐ》。
左から、鞨鼓《かっこ》、中啓《ちゅうけい》、金立烏帽子《きんたてえぼし》、振《ふ》り鼓《つづみ》。

平 敦盛《たいらのあつもり》の鎧《よろい》。約束《やくそく》ごととして明るい配色は青年、黒系《くろけい》のものは大人、茶色系《ちゃいろけい》のものは老人《ろうじん》と、鎧《よろい》の色で役柄《やくがら》の年齢《ねんれい》をあらわします。

『白浪五人男《しらなみごにんおとこ》』で使われる小道具《こどうぐ》。番がさ、刀、げた、たばこ入れ。刀の鍔《つば》や煙管《きせる》など、大看板《おおかんばん》の俳優《はいゆう》が使うものには、その家の紋《もん》が入れられています。

『娘道成寺《むすめどうじょうじ》』の花子《はなこ》が踊《おど》るときに使う「振《ふ》り出《だ》し笠《がさ》」。三つの笠《かさ》がつながっています。

小道具《こどうぐ》さんのしごと

【藤浪小道具株式会社《ふじなみこどうぐかぶしきがいしゃ》】

武士《ぶし》の持つ刀や、かさ、ちょうちん、小判《こばん》（江戸時代《えどじだい》のお金）、げた・ぞうりなどのはきもの、あるいは犬・狐《きつね》・猪《いのしし》などの動物のぬいぐるみや、チョウ・鳥などの「差金《さしがね》」の先につけて動かす生きもの、また駕籠《かご》・馬のように俳優《はいゆう》が実際《じっさい》に乗ることのできる大きなものまで、芝居《しばい》のなかで使われる小物《こもの》や道具はすべて小道具《こどうぐ》さんが用意します。

小道具《こどうぐ》は直接俳優《ちょくせつはいゆう》の手にふれることが多く、芝居《しばい》のなかで重要《じゅうよう》な意味をもつことも多いので、俳優《はいゆう》がスムーズに演技《えんぎ》ができるように注意して用意をします。

差金《さしがね》

差金《さしがね》は、歌舞伎《かぶき》の舞台《ぶたい》でチョウや鳥などの小道具《こどうぐ》をあやつるために使う黒い棒《ぼう》のことです。黒は見えていないという約束《やくそく》ごとがあるので、黒衣《くろこ》がこの差金《さしがね》を手にして舞台上《ぶたいじょう》で小道具《こどうぐ》を動かします。

チョウは、ひらひらとやわらかく舞《ま》っているようにみせるため、細めの棹《さお》を差金《さしがね》として使います。

一つの差金《さしがね》に四羽のすずめ。

動物

歌舞伎《かぶき》には、馬、虎《とら》、猪《いのしし》などたくさんの動物が登場します。ゆるキャラのように着ぐるみのなかに入るものから、口や目が動くものまで、遊び心いっぱいの楽しい動物たちです。

人間が二人、なかに入って脚《あし》になります。衣裳《いしょう》を着けた人間が乗るので、丈夫《じょうぶ》につくられています。前脚担当《まえあしたんとう》の人が操作《そうさ》して、口をあけたり目をとじたりさせます。

大きながまがえる。なかに人が入っていて、口をあけたり目をとじたりします。

こわい顔だけれど、ちょっぴり愛嬌《あいきょう》がありますね。

しかけもの

舞台《ぶたい》を見ていると、さまざまな工夫《くふう》をほどこした、しかけが登場します。ここで紹介《しょうかい》したもの以外《いがい》にも、飛《と》んできた矢が木にささったように見えるしかけや、毒《どく》をたらされた花がしおれるしかけなど、「あっと」おどろくしかけを実際《じっさい》の舞台《ぶたい》で楽しみましょう。

糸を引くと魚がぴちぴちとはねて、まるで生きているように動きます。

糸を引くと体の中央が反転して、赤ん坊《あかんぼう》が一瞬《いっしゅん》にしてお地蔵様《じぞうさま》に変《か》わります。

軽い素材《そざい》でつくられている馬。舞踊《ぶよう》などのときに使われます。

ミニ知識《ちしき》 こだわりの一巻《いっかん》

『勧進帳《かんじんちょう》』で弁慶《べんけい》が読みあげる一巻《いっかん》（絵巻物《えまきもの》のような巻物《まきもの》）は、同じ演目《えんもく》の道具でも、「家」ごとにちがうものが使われています。黒地《くろじ》に金砂子《きんすなご》（金《きん》箔《ぱく》を粉《こな》にしたもの）の柄《がら》が入ったもの（写真上）は成田屋《なりたや》が使い、模様《もよう》がなく黒地《くろじ》のもの（写真下）は高麗屋《こうらいや》が使うという決まりになっています。

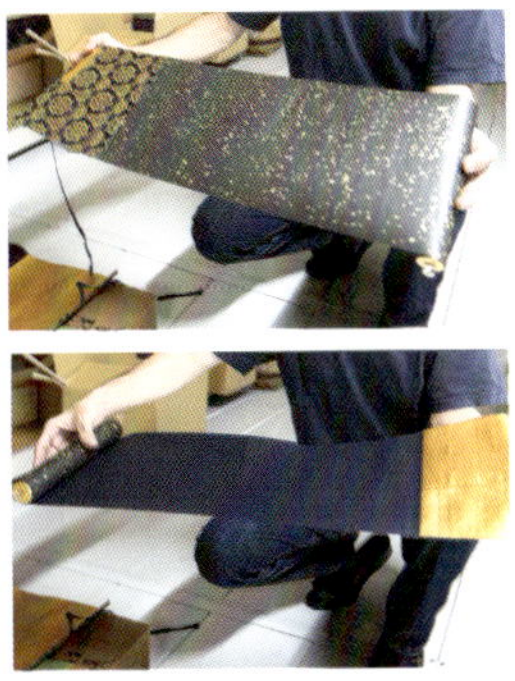

工芸《こうげい》

鎧《よろい》や武具《ぶぐ》など、特殊《とくしゅ》なものの製作《せいさく》や修理《しゅうり》をするのは「工芸《こうげい》」担当《たんとう》の職人《しょくにん》さんです。製作《せいさく》するだけでなく、歴史《れきし》や時代考証《じだいこうしょう》まで幅広《はばひろ》い知識《ちしき》が必要《ひつよう》です。

刀は俳優《はいゆう》さんにとってこだわりのある小道具《こどうぐ》の一つです。その刀に合わせた鍔《つば》づくりは、職人《しょくにん》さんの腕《うで》の見せどころです。

舞台《ぶたい》でのはげしい立ち回りで傷《いた》んだ箇所《かしょ》をもとどおりに修理《しゅうり》しています。

竹芸《ちくげい》

歌舞伎《かぶき》では、小道具《こどうぐ》の材料《ざいりょう》としてよく竹を使用します。ここでは、竹を使ってつくるさまざまな竹工芸《たけこうげい》を担当《たんとう》しています。

けずった竹を編《あ》みこんで、かごをつくっています。

竹をナタで数ミリ幅《はば》にけずっていきます。

こだわりの小道具《こどうぐ》をつくるエキスパート

小道具《こどうぐ》のしごとは、道具類《どうぐるい》を管理《かんり》する「管理課《かんりか》」、舞台《ぶたい》に必要《ひつよう》な小道具《こどうぐ》を製作《せいさく》する「工作課《こうさくか》」、劇場《げきじょう》で実際《じっさい》の舞台《ぶたい》を担当《たんとう》する「演劇部《えんげきぶ》」と、担当《たんとう》が分かれています。

公演《こうえん》の演目《えんもく》が決まると、「工作課《こうさくか》」の職人《しょくにん》さんたちは、その演目《えんもく》に必要《ひつよう》な道具の準備《じゅんび》をはじめ、新作の場合は、必要《ひつよう》な道具を新しく製作《せいさく》していきます。一公演《こうえん》で使われる小道具《こどうぐ》は、千点くらいになるときもあります。

古典歌舞伎《こてんかぶき》で使われる小道具《こどうぐ》のほとんどは、演目《えんもく》・役柄《やくがら》・俳優《はいゆう》の家系《かけい》などによって色や形などが決まっていますので、演目《えんもく》や俳優《はいゆう》さんにかんしての幅広《はばひろ》い知識《ちしき》が必要《ひつよう》になります。職人《しょくにん》さんたちは、自分の手がけている小道具《こどうぐ》が、芝居《しばい》のなかでどのような使われ方をするのか、その小道具《こどうぐ》を持った俳優《はいゆう》さんがいかに気持ちよく演技《えんぎ》できるかを、つねに考えながら製作《せいさく》しています。

塗師《ぬし》

小さな印籠《いんろう》から大きなたんす類《るい》まで、ぬりの作業を担《たん》当《とう》する職人《しょくにん》さんを塗師《ぬし》といいます。新しくつくるものもありますが、ぬりがはげてしまった小道具《こどうぐ》のぬりなおし作業も塗師《ぬし》さんのしごとです。

とどけられた小道具《こどうぐ》をチェックして修理《しゅうり》に回します。

ぬりなおしの依頼《いらい》や作業がすんだものは、メモをはってわかりやすくまとめておきます。

経師《きょうじ》

掛《か》け軸《じく》や屏風《びょうぶ》をはるしごとを担当《たんとう》するのが経《きょう》師《じ》です。つなぎ目がわからないほどの技術《ぎじゅつ》で、どんなものでもはりつけます。

『娘道成寺《むすめどうじょうじ》』で使う振《ふ》り出《だ》し笠《がさ》のはりかえをする職人《しょくにん》さん。細く切った金紙を等間隔《とうかんかく》にひと息ではっていきます。

縫製《ほうせい》

舞台《ぶたい》で使用する縫《ぬ》いものにかんする小《こ》道具《どうぐ》を作成《さくせい》するのが縫製《ほうせい》のしごとです。

三角形に切ったスポンジを白い布《ぬの》でつつんだ塩《しお》にぎり。消えものとよばれる食べものも、本物そっくりに仕上げます。

和裁《わさい》、洋裁《ようさい》の手縫《てぬ》いはもちろん、ミシンも使いこなす職人《しょくにん》たち。

管理課《かんりか》・刀剣《とうけん》

歌舞伎《かぶき》の小道具《こどうぐ》のなかでもよく使われる刀。舞台《ぶたい》の立ち回りにもよく使うので、刃《は》がこぼれることが多く、公演中《こうえんちゅう》でも修理《しゅうり》に持ちこまれてきます。

樫《かし》の木をけずってつくった刀身《とうしん》に、水にといた卵白《らんぱく》をぬり、その上からアルミ箔《はく》や錫箔《すずはく》をはって何度もこすり、本物そっくりのかがやきを出していきます。

ミニ インタビュー

膨大《ぼうだい》な小道具《こどうぐ》を管理《かんり》するプロ

藤浪小道具株式会社《ふじなみこどうぐかぶしきがいしゃ》
宮岡哲也《みやおかてつや》 さん

埼玉県越谷市《さいたまけんこしがやし》にある倉庫兼《そうこけん》しごと場には、歌舞伎《かぶき》の舞台《ぶたい》やテレビなどで使われる膨大《ぼうだい》な点数の小道具《こどうぐ》が、刀剣類《とうけんるい》、鎧類《よろいるい》など用途別《ようとべつ》にきちんと分けられて保管《ほかん》してあります。その数えきれないほどの道具類《どうぐるい》を管理《かんり》するのが宮岡哲也《みやおかてつや》さん。

「コンピュータで、管理《かんり》しているわけではありませんが、それぞれ担当《たんとう》が決まっていますので、どこになにがあるのかは、すぐにわかります」とのこと。

「持ち道具（俳優《はいゆう》さんが手にするもの）一つにしても、時代考証《じだいこうしょう》や俳優《はいゆう》さんのこだわりをきちんと知った上で選《えら》びだすため、芝居《しばい》をよく見て知識《ちしき》と経験《けいけん》をつまなければなりません。わたしたちのしごとは、まず歌舞伎《かぶき》をすきになること。そして俳優《はいゆう》さんとの信頼関係《しんらいかんけい》をきずきながら、小道具《こどうぐ》を通して芝居《しばい》に参加《さんか》することだと思っています」

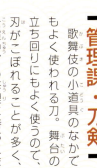

かつら

役に入っていくための一ミリの工夫《くふう》

かつらづくりの工程《こうてい》

土台づくり

かつらの土台になるのは、「地金《じがね》」とよばれる銅板《どうばん》です。俳優《はいゆう》の頭の形に合わせて銅板《どうばん》をカットし、木づちや金づちでたたいて形を整えていきます。

俳優《はいゆう》一人一人の頭の形に合わせて整えられた銅板《どうばん》。

強度を出すため、金づちで表面の細かいでこぼこをたたき、形を整えます。

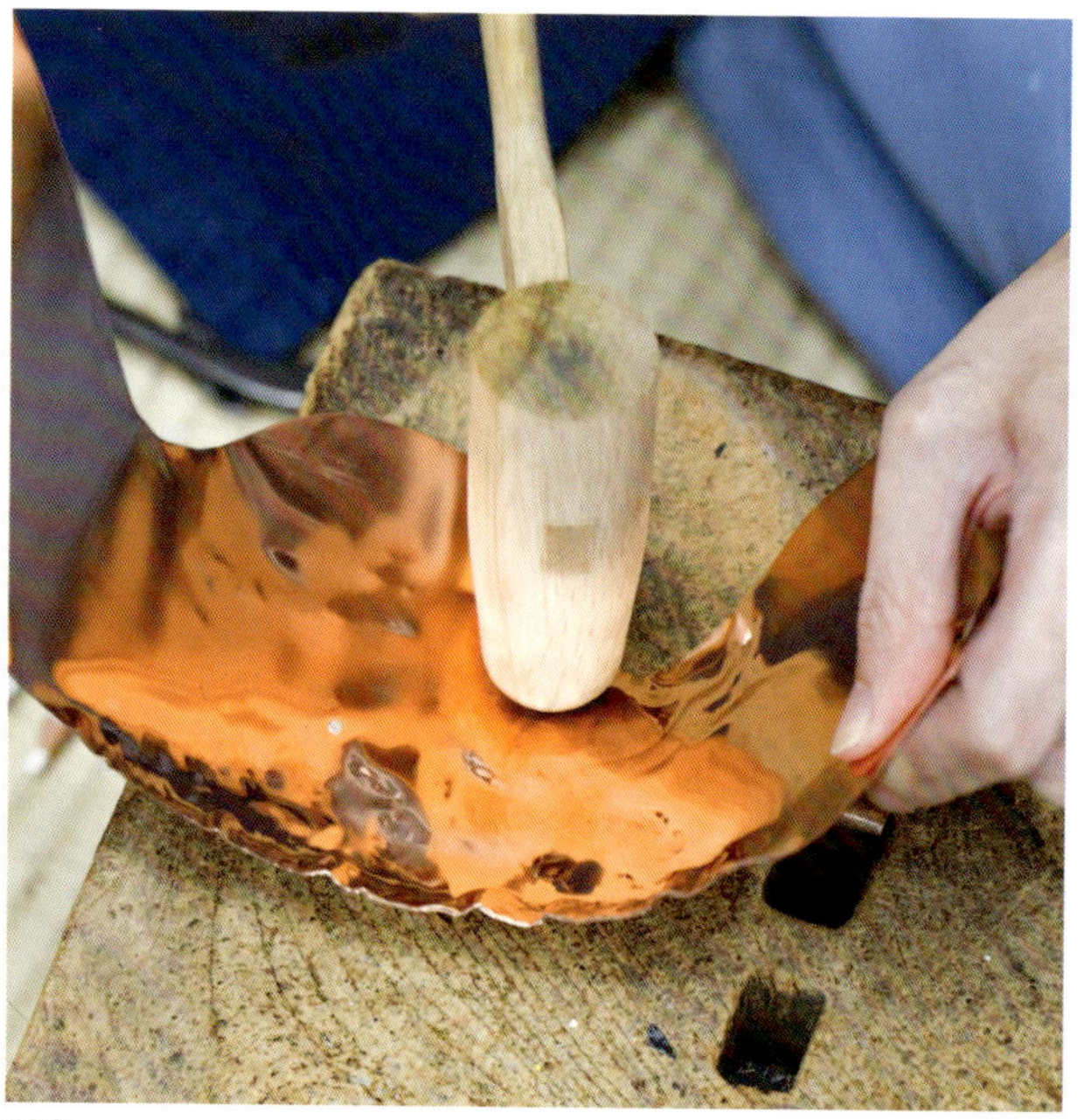

銅板《どうばん》を打ち出し台のくぼみにあてて、木づちでたたきます。

かつら屋さんのしごと

［東京演劇《とうきょうえんげき》かつら株式会社《かぶしきがいしゃ》］

歌舞伎《かぶき》のかつらは、地金《じがね》・台金《だいがね》とよばれる銅《どう》でできた土台に、羽二重《はぶたえ》（絹《きぬ》の布《ぬの》）に植えた髪《かみ》の毛《け》をはりつけてつくられます。

まず俳優《はいゆう》の頭の形に合わせて地金《じがね》の形を調整する「かつら合わせ」を行いますが、俳優《はいゆう》の頭に直接《ちょくせつ》長時間ふれるものなので、合わないところがないように、よく注意して調整します。そして役柄《やくがら》に合わせて髪《かみ》の毛《け》をとりつけ、きれいに整えて床山《とこやま》さんにわたすまでが、かつら屋さんのしごとです。

舞台《ぶたい》のスタートは「かつら合わせ」から

公演《こうえん》の演目《えんもく》と配役《はいやく》が決まると「かつら附《つ》け帳《ちょう》」（おぼえ書き）がとどき、それをもとに作業をはじめます。まず、かつら師《し》とよばれる職人《しょくにん》さんが担当《たんとう》の俳優《はいゆう》さ

広い作業場では、それぞれのパーツを担当《たんとう》する職人《しょくにん》さんたちがはたらいています。

下ばり作業

できあがった地金《じがね》に、小麦粉《こむぎこ》でつくった溶《と》きのり（接着剤《せっちゃくざい》）をぬり、和紙をはっていきます。

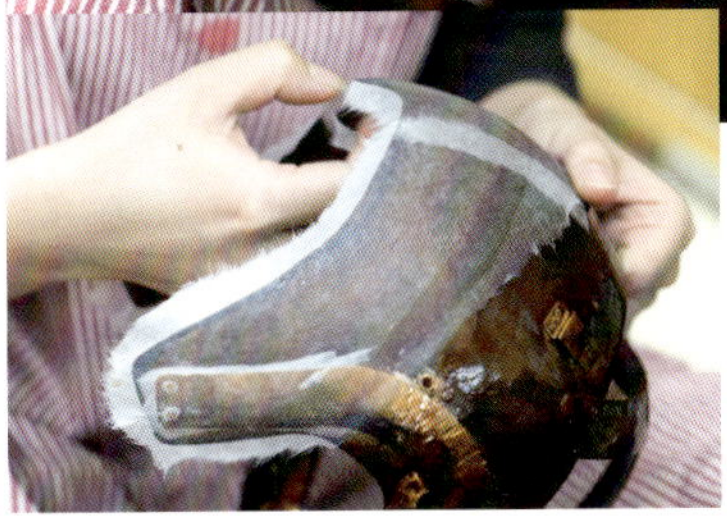

接着剤《せっちゃくざい》を手でよくのばしながら地金《じがね》にぬりこみ、和紙をていねいにはっていきます。

接着剤《せっちゃくざい》は、よく練った小《こ》麦粉《むぎこ》に黒砂糖《くろざとう》をまぜあわせた独特《どくとく》なものです。

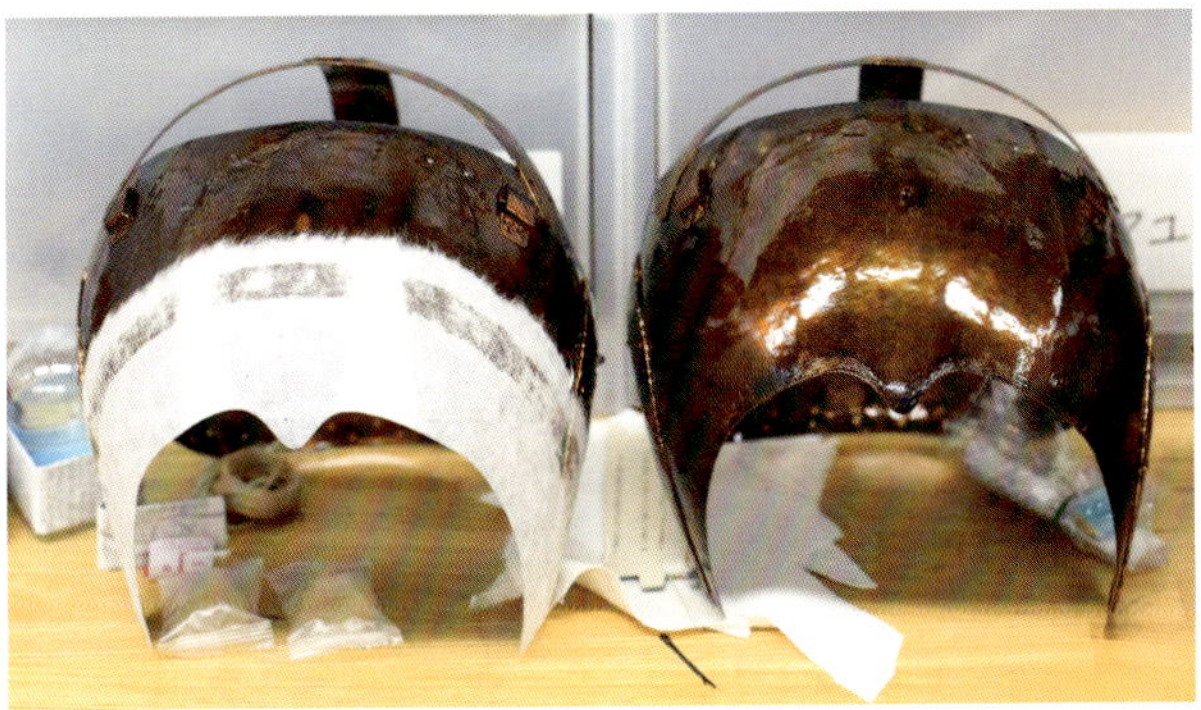

和紙をはりおわったら、かわかします。

んのところに行き、床山《とこやま》さんと俳優《はいゆう》さんと三人で「かつら合わせ」をします。

約《やく》一か月の公演中《こうえんちゅう》、かつらが頭になじんでいないと、よい演技《えんぎ》ができないので、かつら合わせは大事な工程《こうてい》です。俳優《はいゆう》さんの要望《ようぼう》を聞きながら、俳優《はいゆう》さんの頭に合わせて地金《じがね》をつくります。

次に、和紙をはった地金《じがね》に毛を植えつけた羽二重《はぶたえ》をはり、蓑《みの》（髪《かみ》の毛を編《あ》んだもの）をつけて仕上げていきます。

公演《こうえん》が終わって、もどってきたかつらは、羽二重《はぶたえ》ごと地金《じがね》からはがして粉《こな》せっけんで洗《あら》い、地金《じがね》はそれぞれの俳優《はいゆう》さんの役ごとに保管《ほかん》して、次の舞台《ぶたい》にそなえます。

ミニ知識《ちしき》

白玉《しらたま》が接着剤《せっちゃくざい》？

地金《じがね》に和紙や羽二重《はぶたえ》をはるときには、ボンドなどの接着剤《せっちゃくざい》ではなく、小麦粉《こむぎこ》に黒砂糖《くろざとう》をまぜたものや、白玉《しらたま》を練ってのり状《じょう》にしたものを使います。なぜでしょうか？　かつらは、公演《こうえん》が終わると羽《は》二重《ぶたえ》ごと地金《じがね》からはがしてお湯で洗《あら》います。そのとき、白玉《しらたま》の接着剤《せっちゃくざい》はお湯にとけて、はがしやすくなるからです。白玉《しらたま》には、強力な接着力《せっちゃくりょく》があると同時に、とてもはがしやすいという特性《とくせい》があるのです。

羽二重《はぶたえ》に毛を植えつける

羽二重《はぶたえ》に毛を植えたものをつくり、できあがった地金《じがね》にはりつけます。羽二重《はぶたえ》は、生えぎわをしぜんに見せるためのものです。

専用《せんよう》のかぎ針《ばり》で、羽二重《はぶたえ》に人毛を１本１本植えつけていきます。生えぎわは毛１本、その後ろは２本というように、じょじょにふやしていきます。

蓑《みの》をつける

「蓑《みの》」とは、髪《かみ》の毛《け》を編《あ》んだものです。床山《とこやま》さんが結《ゆ》いあげる髪型《かみがた》に合わせた量《りょう》を考えながら仕上げていきます。

すばやく正確《せいかく》に植えつけるのが職人《しょくにん》さんの技《わざ》。

植えおわった髪《かみ》をまとめてバランスを確認《かくにん》します。

羽二重《はぶたえ》に毛を植えつけたあと、一針一針《ひとはりひとはり》ていねいに蓑《みの》を縫《ぬ》いつけます。

整髪《せいはつ》

職人《しょくにん》さんによって整えられた、ざんばら髪《がみ》のかつら（結《ゆ》う前の状態《じょうたい》）を、床山《とこやま》さんにわたします。ここまでが、かつら屋さんのしごとです。

熱《ねっ》したコテで髪《かみ》をのばしながら、くしを通して、くせをとっていきます。

山のようにつまれた地金《じがね》に手早く蓑《みの》を組みあわせていきます。

額部分《ひたいぶぶん》の生えぎわ「くり」はかつらの命

俳優《はいゆう》さんの顔立ちや役の性《しょう》根《ね》に合わせてつくる額部分《ひたいぶぶん》の生えぎわのことを「くり」といい、かつらづくりで一番大切な部分といわれています。

たとえば、少しまぬけな役を演《えん》じるときは、くりを少し後ろにずらしたり、眉毛《まゆげ》のある役とない役では、くりの位《い》置《ち》を前後に数ミリ動かすなどの工夫《くふう》をすることにより、顔全体の印象《いんしょう》が変《か》わって見えるなど、役づくりに大きな影響《えいきょう》をあたえます。

コラム

動物の毛も使われているってホント!?

歌舞伎《かぶき》で使われているかつらは、ほぼ人毛ですが、役柄《やくがら》によっては、ヤクというウシ科の動物の毛やクマの毛を使うことがあります。

ヤクの毛は、『鏡獅子《かがみじし》』や『連獅子《れんじし》』などの「獅子の毛《ししのけ》」に使われます。クマの毛は、山賊《さんぞく》や浪人《ろうにん》などの、のびた月代《さかやき》（額《ひたい》から頭頂《とうちょう》部《ぶ》の髪《かみ》をそりおとした部分）などに使われます。また、『西遊記《さいゆうき》』や『靭猿《うつぼざる》』などでは、サルの毛が使われることもあります。

ヤクの毛を染《そ》めてつくった白頭《しろがしら》、赤頭《あかがしら》の振り毛《ふりげ》。振り毛《ふりげ》は、床山《とこやま》さんではなく、かつら屋さんでつくります。

背中《せなか》の毛なみがそろっている部分で、月代《さかやき》やひげなどをつくります。クマの毛はかたくてつやがあるので、舞台《ぶたい》では人毛よりもより本物らしく見えます。

ミニインタビュー

「俳優《はいゆう》さんとの信頼関係《しんらいかんけい》がやりがいにつながります」

東京演劇《とうきょうえんげき》かつら株式会社《かぶしきがいしゃ》
川口清次《かわぐちせいじ》 さん

家業《かぎょう》である「かつら屋」のしごとについたのは18歳《さい》のときです。以来《いらい》、日々《ひび》しごとの楽しさ、むずかしさを実感しながら、むきあっています。

かつら屋のしごとは、俳優《はいゆう》さんの頭の型《かた》をとって、かつらそのものを製作《せいさく》します。担当《たんとう》する俳優《はいゆう》さんの好《この》みや要望《ようぼう》を聞きながら、地金《じがね》の微調整《びちょうせい》をしていきますが、人の顔は左右対称《さゆうたいしょう》ではありませんから、それをいかに左右対称《さゆうたいしょう》に見せるようにつくるかが大きな課題《かだい》です。また公演中《こうえんちゅう》に、俳優《はいゆう》さんの体調の変化《へんか》で太ったりやせたりすることもありますし、歯ぐきがはれただけでも、頭の形が微妙《びみょう》に変《か》わってきます。そんなときにも俳優《はいゆう》さんによりそい、つねに100パーセントの状態《じょうたい》で舞台《ぶたい》に立ってもらい、気持ちよく役に入りこんでいけるように後押《あとお》しする。それが、かつら屋の役目だと思っています。

床山《とこやま》 役の性根《しょうね》をあらわすかつらづくり

歌舞伎座内《かぶきざない》にある床山部屋《とこやまべや》。公演《こうえん》がある期間はこの部屋につめていて、担当《たんとう》の俳優《はいゆう》さんの髪型《かみがた》の手入れなどをします。

髪型《かみがた》で、その役の身分や性格《せいかく》、心情《しんじょう》をあらわすため、その人物の心の動きも考えながら結《ゆ》いあげていきます。かつらをのせている台は、結《ゆ》いぼうずというかわいい名前がついています。

はぜの実からつくった油をぬって固《かた》めていき、「生締《なまじめ》」とよばれる髷《まげ》をつくっているところ。ゆっくりと何度もぬりかさねていくので、完成《かんせい》するまで５日以上かかります。

床山《とこやま》さんのしごと

【東京鴨治床山株式会社《とうきょうかもじとこやまかぶしきがいしゃ》】

かつら屋さんのつくったかつらを、役柄《やくがら》におうじた髪型《かみがた》に結《ゆ》いあげます。年齢《ねんれい》や身分・性格《せいかく》のちがいによって非常《ひじょう》にたくさんの種類《しゅるい》があります。基《き》本的《ほんてき》な種類《しゅるい》が百種類《しゅるい》ほどあり、そこから枝別《えだわか》れしたものをふくめると、数百種類《しゅるい》になります。

髪型《かみがた》は、髷《まげ》の形や位置《いち》、大きさによって人物の性格《せいかく》が変《か》わってしまうくらい大きな意味をもっています。

また、演《えん》じる俳優《はいゆう》の顔や体格《たいかく》に、もっとも似《に》あうように気をくばりながら髪《かみ》を結《ゆ》いあげていきます。どんな髪型《かみがた》でも結《ゆ》いわけられるには、十年から十五年かかります。

床山《とこやま》さんは、立役《たちやく》（男性役《だんせいやく》）担当《たんとう》と女方担当《おんながたたんとう》とに分かれていますが、東京《とうきょう》鴨治床山株式会社《かもじとこやまかぶしきがいしゃ》は、主に立役《たちやく》の髪型《かみがた》を担当《たんとう》しています。

達人《たつじん》の道具

道具は職人《しょくにん》さんの命です。同じ道具でも、それぞれ自分が使いやすいように工夫《くふう》し、何年もかけて自分の手になじんだ道具にしていきます。

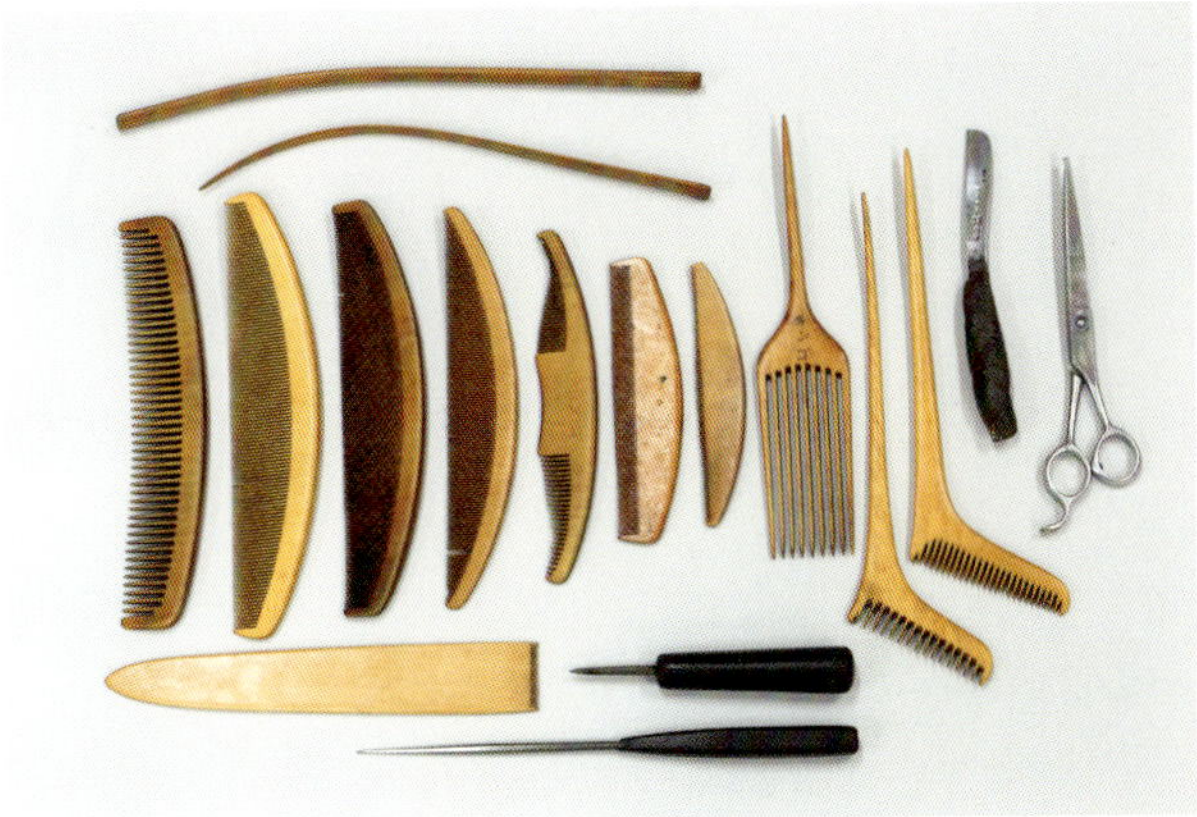

鴨治《かもじ》さん愛用《あいよう》の道具類《どうぐるい》。くしは、歯の形も、細かいものからあらいものまで何種類《なんしゅるい》もあり、用途《ようと》によって使いわけています。

コテと電熱器《でんねつき》。コテは、髪《かみ》のクセを直すときなどに使います。電熱器《でんねつき》で温めて、そのまま髪《かみ》に当てたり、水でぬらした布《ぬの》を巻《ま》きつけて、蒸気《じょうき》を出しながら髪《かみ》に当てたりします。

くしなどを入れた道具箱。道具箱の上には、固《かた》さのちがう白ろう（髪《かみ》を結《ゆ》いあげるときにつかう油）が置《お》いてあります。

鴨治欽吾《かもじきんご》さんが仕事をはじめた60年前から使っているつげのくし。髷《まげ》の形に歯がすりへっています。

歌舞伎《かぶき》の役柄《やくがら》に合った髪型《かみがた》を結《ゆ》いあげる

俳優《はいゆう》さんや、かつら屋さんをまじえて「かつら合わせ」を行ったあと、かつら屋さんからとどいた、ざんばら髪《がみ》のかつらを歌舞伎《かぶき》の役柄《やくがら》に合わせて結《ゆ》いあげ、俳優《はいゆう》の頭にかける（かぶせる）のが「床《とこ》山《やま》」のしごとです。

それぞれの役柄《やくがら》には、むかしから伝《つた》えられてきた決まった髪型《かみがた》がありますが、同じ役《やく》柄《がら》でも俳優《はいゆう》さんが変《か》われば、その俳優《はいゆう》さんの体型《たいけい》や顔立ち、衣裳《いしょう》に合わせて髪型《かみがた》を微妙《びみょう》に変化《へんか》させます。「その人ならではの役柄《やくがら》」を、舞台《ぶたい》で気持ちよく演《えん》じられる髪型《かみがた》をつくりあげるのがプロの技《わざ》です。

床山《とこやま》さんも、公演中《こうえんちゅう》は劇場《げきじょう》のなかにある「床山部屋《とこやまべや》」に常駐《じょうちゅう》して、担当《たんとう》の俳優《はいゆう》さんの出番前に楽屋《がくや》に行ってかつらをかけ、出番が終わるとまた楽屋《がくや》にはずしにいきます。舞《ぶ》台《たい》が終わってもどってきたかつらは、翌日《よくじつ》の舞台《ぶたい》にそなえて、髪《かみ》のみだれなどを直して、棚《たな》にならべておきます。

俳優《はいゆう》さんが舞台《ぶたい》に出ているときには、次の公演《こうえん》に使うかつらを結《ゆ》ったり、ほかの演目《えんもく》で使われるかつらのメンテナンスをしています。

公演《こうえん》が終われば、かつらはすべてこわして、ざんばら髪《がみ》にもどしてかつら屋さんに返します。

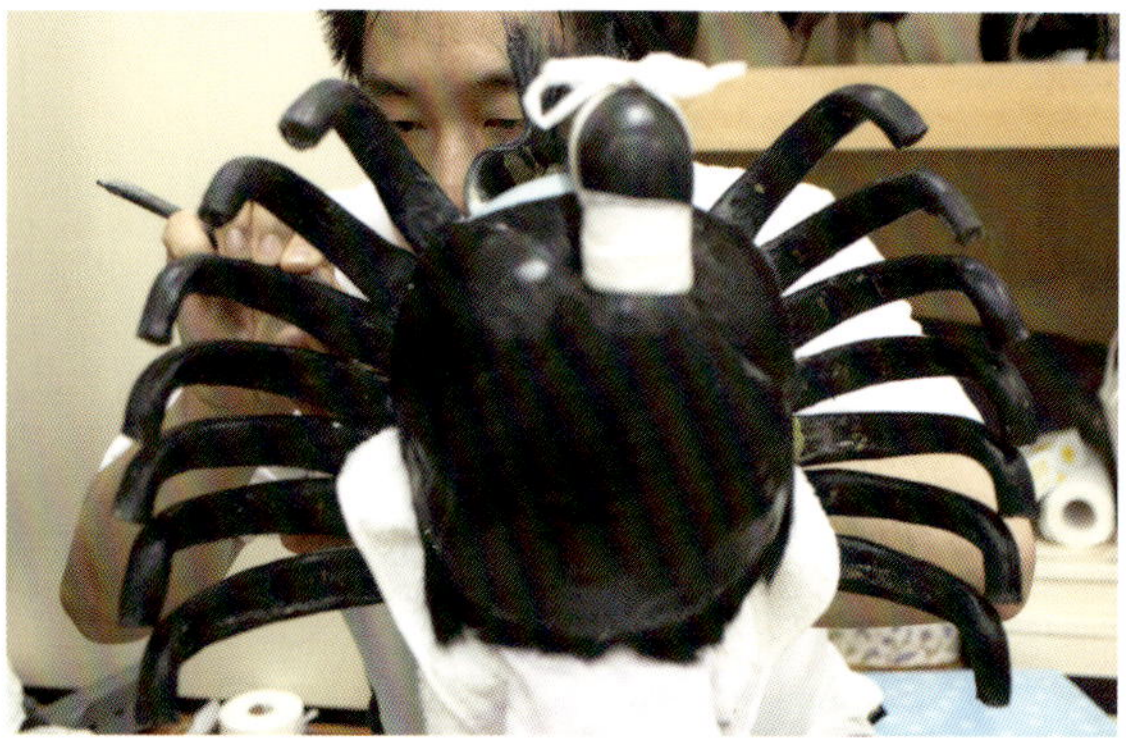

かつらを結《ゆ》いあげる

かつらは、役柄《やくがら》によって使いわけるので、立役《たちやく》だけでも数百種類《しゅるい》あるといわれています。床山《とこやま》さんは、それぞれの役柄《やくがら》をよく理解《りかい》したうえで俳優《はいゆう》さん一人一人に合った形をつくっていきます。

床山部屋《とこやまべや》でかつらを結《ゆ》う床山《とこやま》さんたち。俳優《はいゆう》さんが舞台《ぶたい》に立っているあいだは、次の公演《こうえん》のかつらを準備《じゅんび》したり、もどってきたかつらの手入れをするなど、大いそがしです。

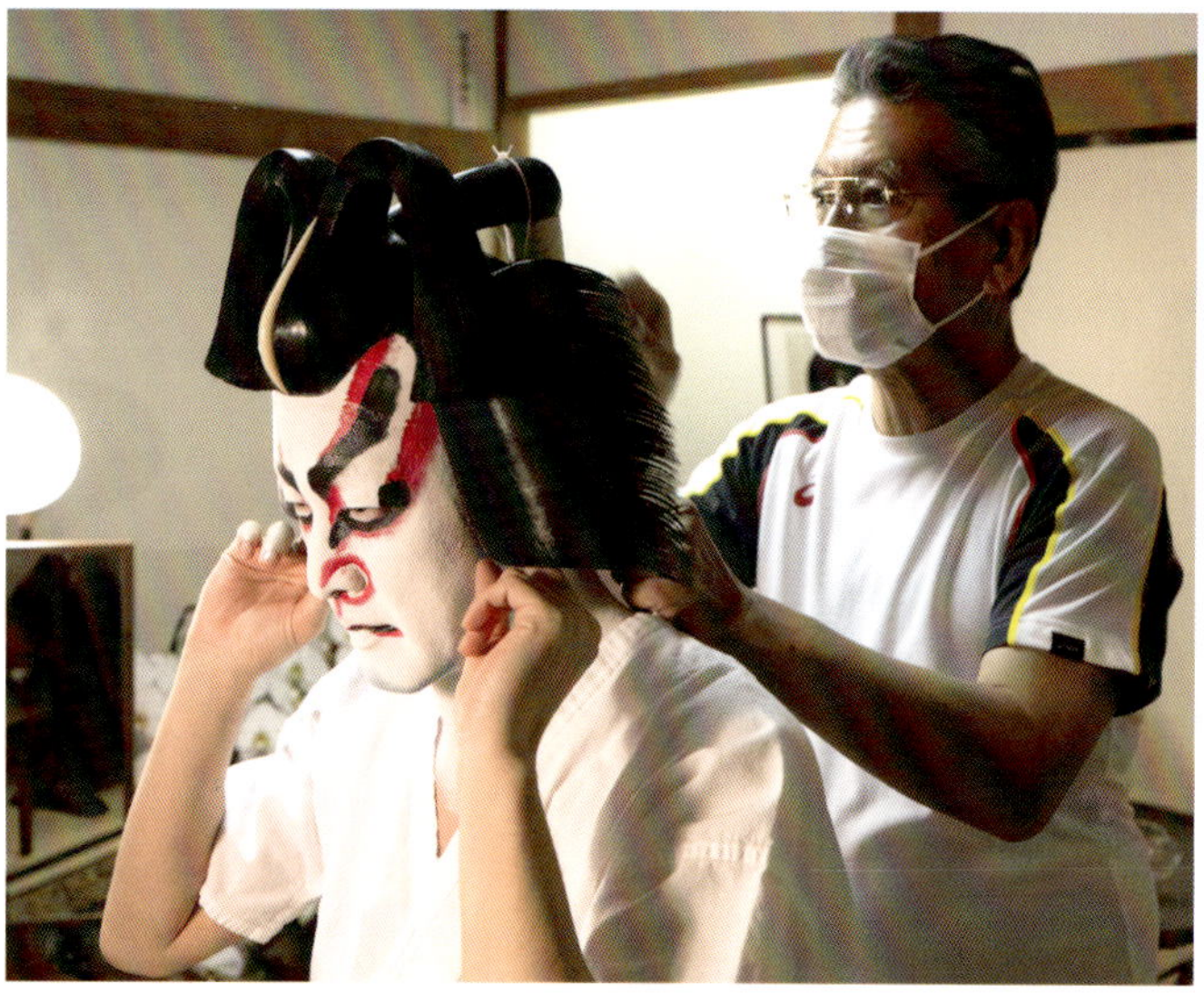

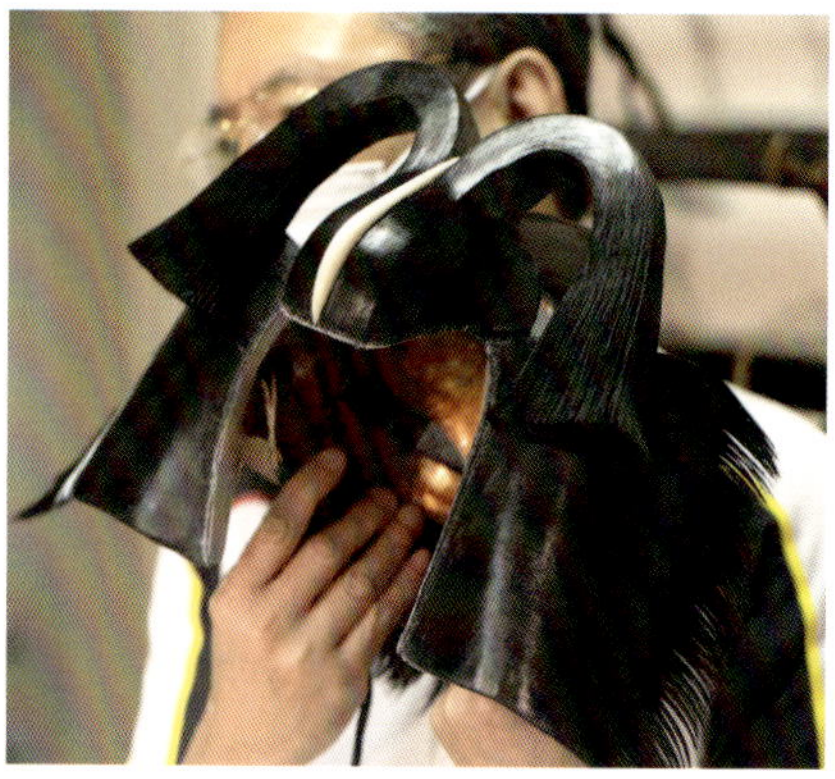

中村獅童《なかむらしどう》さんの楽屋《がくや》に行き、かつらの調整をする床山《とこやま》さん。俳優《はいゆう》さんの体調によって、かつらが微妙《びみょう》に合わなくなることもあるので、毎日気がぬけません。

楽屋《がくや》でかつらをかける

床山《とこやま》さんは、それぞれ担当《たんとう》の俳優《はいゆう》さんが決まっています。舞台《ぶたい》がはじまる前には楽《がく》屋《や》にかつらを持っていってかけ、終わったらはずしにいきます。

ミニインタビュー

役柄《やくがら》の気持ちになって髪《かみ》を結《ゆ》いあげる

東京《とうきょう》鴨治《かもじ》床山《とこやま》株式会社《かぶしきがいしゃ》社長《しゃちょう》
鴨治欽吾《かもじきんご》 さん

髪型《かみがた》の種類《しゅるい》は立役《たちやく》で数百種類《しゅるい》といわれていますが、俳優《はいゆう》さん一人一人の個性《こせい》に合わせて結《ゆ》いあげるとなると、型《かた》はもっと多くなりますね。むかしの髪型《かみがた》をスケッチした資料本《しりょうぼん》はありますが、それはあくまで基本《きほん》の型《かた》です。

髪型《かみがた》で、役柄《やくがら》の身分、性格《せいかく》、心情《しんじょう》、環境《かんきょう》までを表現《ひょうげん》するので、単《たん》に髪《かみ》を結《ゆ》えば終わりというしごとではありません。

床山《とこやま》は、歌舞伎《かぶき》の演目《えんもく》について、その背景《はいけい》や登場人物など、芝居《しばい》にかんする知識《ちしき》も知っておく必要《ひつよう》があります。そのうえで、俳優《はいゆう》がその役柄《やくがら》をどのような思いで、どう演《えん》じているのか考えながら髪《かみ》を結《ゆ》っていきます。

ときには、俳優《はいゆう》さんと話しあって髪型《かみがた》を考えだしたりすることもありますが、俳優《はいゆう》さんとの息が合って、おたがいの気持ちが通じたときには、このしごとにやりがいを感じますね。

立役《たちやく》の髪型《かみがた》と特徴《とくちょう》

かつらを見れば、役の身分や性格《せいかく》までわかります。代表的《だいひょうてき》なかつらの形を何点か紹介《しょうかい》しましょう。

【二枚目《にまいめ》】
髷《まげ》が二つに折《お》れている「二つ折《ふたおり》」と「油付《あぶらつき》（後頭部を油で固《かた》めた状態《じょうたい》）」は、若《わか》だんな役の代表的《だいひょうてき》な髪型《かみがた》です。

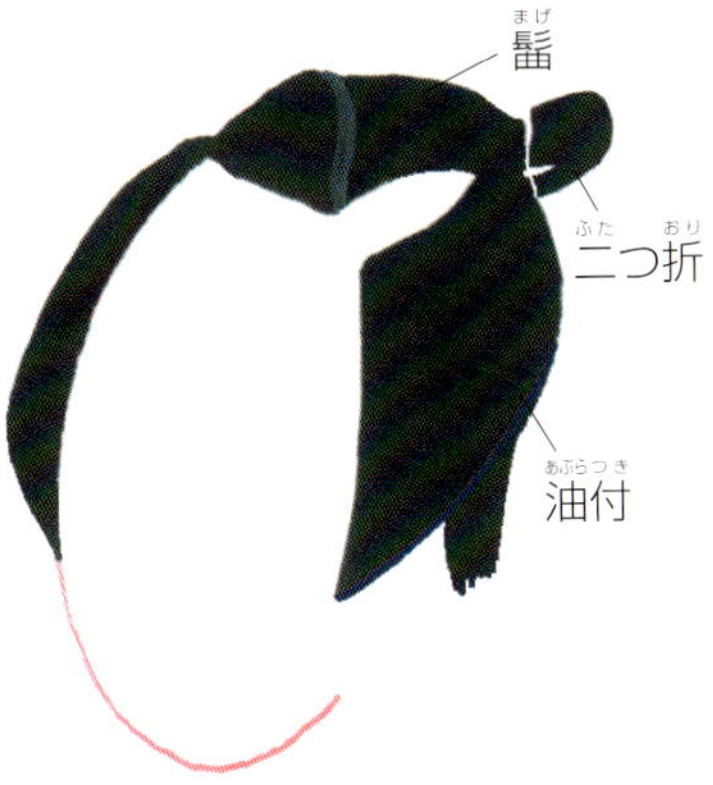

【殿様《とのさま》】
時代劇《じだいげき》に出てくる江戸時代《えどじだい》の殿様《とのさま》の髪型《かみがた》です。

【位《くらい》の高い武士《ぶし》】
大将《たいしょう》など位《くらい》の高い人の髷《まげ》です。髷《まげ》が茶道《さどう》で使う茶筅《ちゃせん》に似《に》ているところから棒茶筅《ぼうちゃせん》とよばれています。

【悪人】
のびた月代《さかやき》（→P39）の部分を燕手《えんて》といい、後ろから見ると燕《つばめ》の飛《と》んでいる姿《すがた》のように見える髪型《かみがた》です。

【敵役《かたきやく》】
髷《まげ》を油などで固《かた》めずに、くしで結《ゆ》いあげた髪型《かみがた》（袋付《ふくろつき》）です。のびた月代《さかやき》の部分は、ヤクという動物の毛を使っています。

【公家悪《くげあく》】
公家《くげ》の悪人の髪型《かみがた》です。額《ひたい》の部分を「王子くり」、長い髪《かみ》を「王子《おうじ》の垂《た》れ」とよびます。

荒事《あらごと》の代表【五本車鬢《ごほんくるまびん》】
鬢《びん》の毛を五本に分けてたばね、油や漆《うるし》で固《かた》めた髪型《かみがた》です。荒《あら》事《ごと》の主人公などに使用されます。

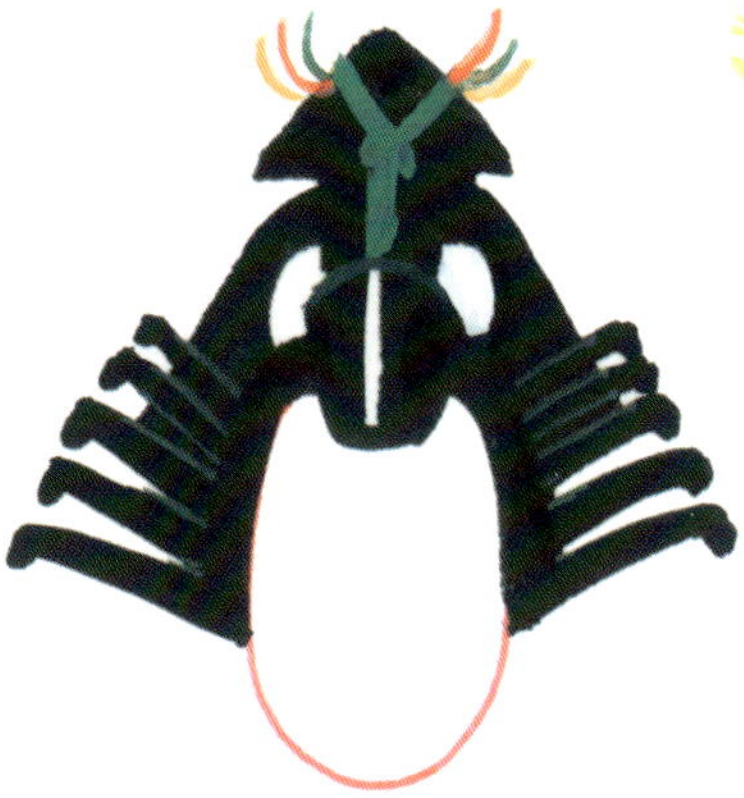

ミニ知識《ちしき》 かつらは何種類《なんしゅるい》くらいあるの？

歌舞伎《かぶき》の役柄《やくがら》には立役《たちやく》と女方《おんながた》があり、かつらの数は立役《たちやく》で数百種類《しゅるい》、女方《おんながた》は約《やく》百種類《しゅるい》あるといわれています。
その一つ一つに、役《やく》の性格《せいかく》や役柄《やくがら》が細かく設定《せってい》されています。かつらの名前をおぼえるだけでも、気が遠くなりそうな数ですね。

【支《ささ》える人たち編《へん》】

衣裳《いしょう》

衣裳《いしょう》の管理《かんり》も大切なしごと

衣裳部屋《いしょうべや》は大いそがし

出番を終えた俳優《はいゆう》さんの衣裳《いしょう》を急いで持ちかえり、衣裳《いしょう》を広げて、よごれやほころびがないか、たしかめます。

汗《あせ》じみをとる

豪華《ごうか》で華《はな》やかな歌舞伎《かぶき》の衣裳《いしょう》。俳優《はいゆう》さんたちは、重い衣裳《いしょう》を着て熱演《ねつえん》しているため、芝居《しばい》が終わると衣裳《いしょう》は汗《あせ》でびっしょりです。

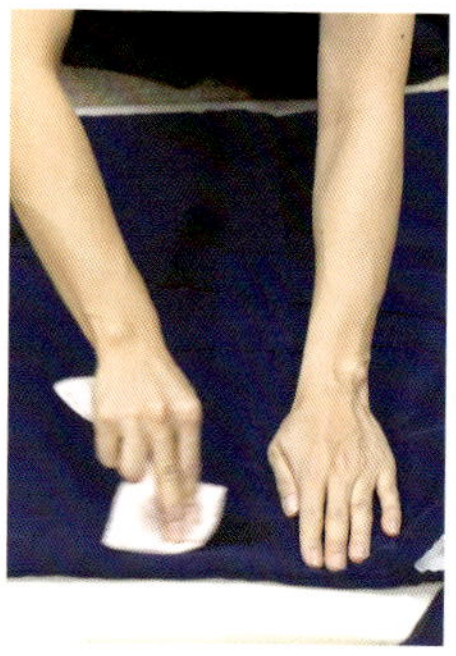

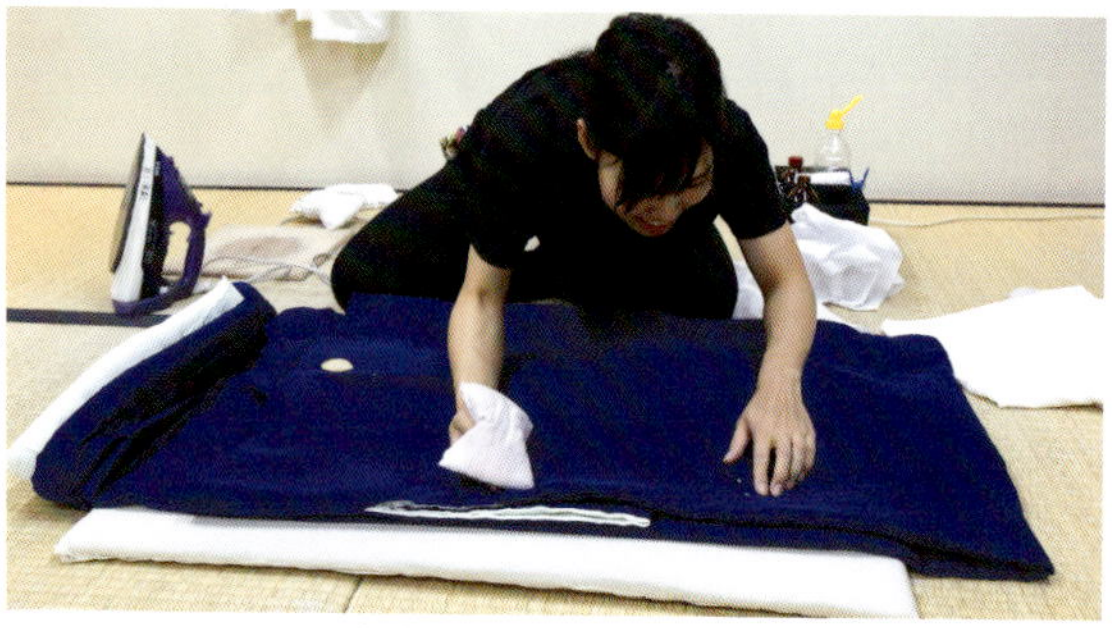

えりもとについた白粉《おしろい》や汗《あせ》でよごれた箇所《かしょ》を、たたくようにして、すばやく手入れをします。

アイロンをかける

次の日の公演《こうえん》にそなえ、やぶれているところがあればつくろい、アイロンをかけて、しわをのばしておきます。

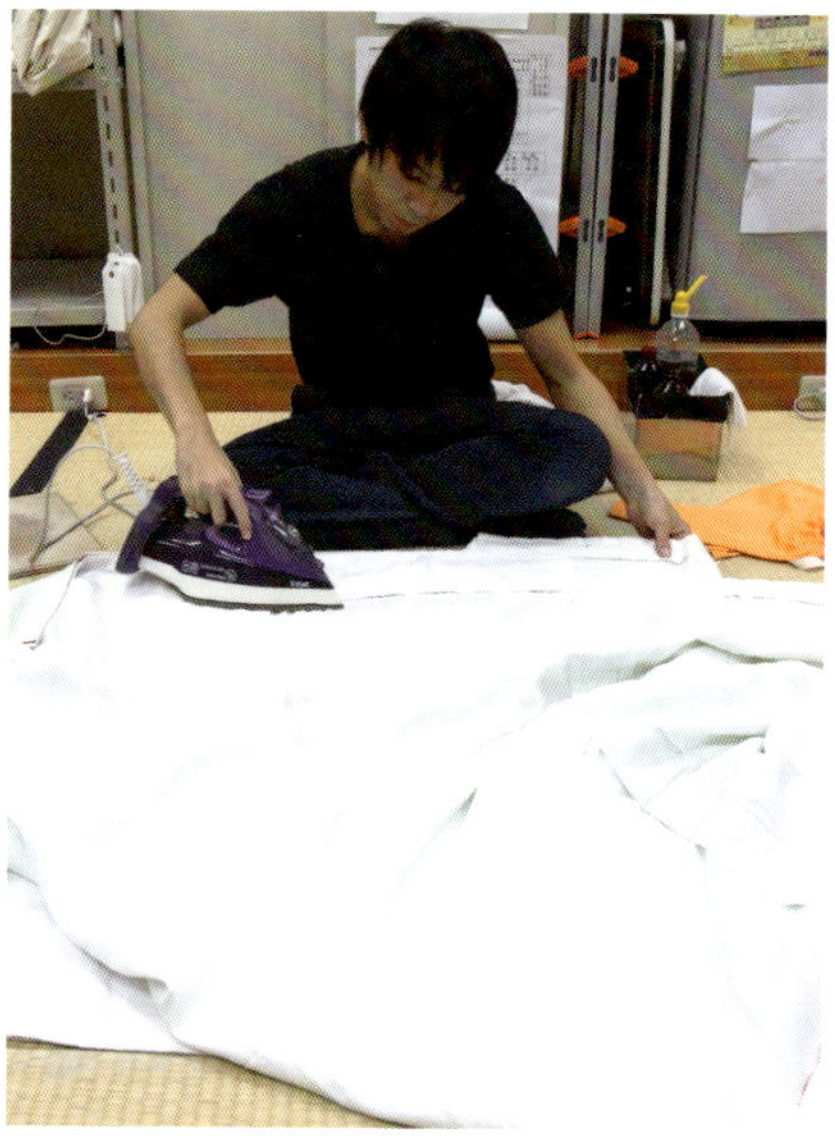

アイロンのかけ方にも、プロならではのコツがあります。

衣裳《いしょう》さんのしごと

【松竹衣裳株式会社《しょうちくいしょうかぶしきがいしゃ》】

衣裳《いしょう》さんは俳優《はいゆう》の着る衣裳《いしょう》をすべて用意します。見た目の美しさやバランスを非常《ひじょう》に大切にする歌舞伎《かぶき》の舞台《ぶたい》では、衣裳《いしょう》の色やデザインをどのようにするかは重要《じゅうよう》な問題なので、衣裳《いしょう》さんは俳優《はいゆう》とよく相談して、どんな衣裳《いしょう》を着るかを決めていきます。

また、衣裳《いしょう》にも「引抜《ひきぬき》」「ぶっ返り」のように特殊《とくしゅ》なしかけの必要《ひつよう》なものがあり、その準備《じゅんび》も重要《じゅうよう》なしごとです。舞台《ぶたい》が終わったあとは、衣裳《いしょう》のよごれを落としたり、傷《いた》んだところを直したりして、次の舞台《ぶたい》にそなえます。

衣裳《いしょう》さんのしごとはこんなにたくさんあるのね

かわかす

廊下《ろうか》に置《お》かれた簡易《かんい》クローゼットを利用《りよう》した手づくり乾燥機《かんそうき》などで、汗《あせ》をふくんだ襦袢《じゅばん》や着物などをかわかします。

扇風機《せんぷうき》をフルに回していて、次々《つぎつぎ》と運ばれてくる衣裳《いしょう》をかわかします。

衣裳《いしょう》をたたむ

袴《はかま》、着物、帯《おび》など、よごれをチェックした衣裳《いしょう》は一式そろえてたたみ、ふろしきにつつんで棚《たな》におさめておきます。しわになりやすい衣裳《いしょう》は、ハンガーにかけてつるしておくこともあります。

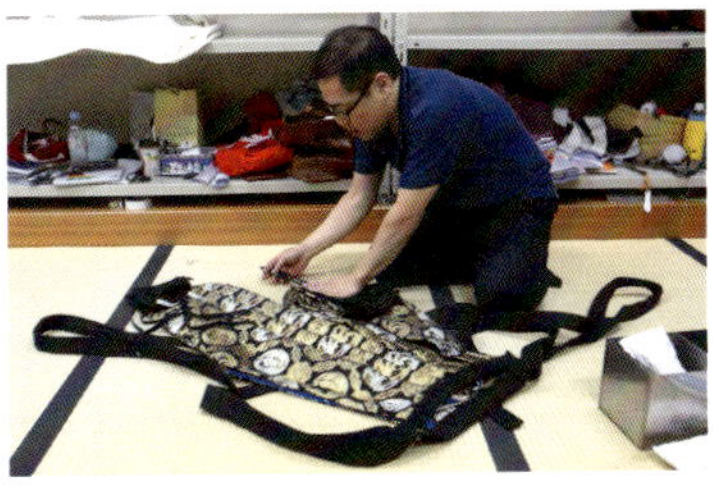

子役の着つけをする

子役の着つけも衣裳《いしょう》さんの役目です。子役は舞台《ぶたい》のはじまる前に衣裳部屋《いしょうべや》で着つけをしてもらいます。

ミニ知識《ちしき》 着物の色で役の性格《せいかく》がわかる?

歌舞伎《かぶき》の衣裳《いしょう》は、かつらと同じように、登場人物の身分や性格《せいかく》をあらわしています。女の人の場合、若《わか》くて身分の高いお姫様《ひめさま》は赤い衣《い》裳《しょう》を着ていますが、同じ若《わか》い女の人でも、緑色系《みどりいろけい》の衣裳《いしょう》を着ている場合は、町娘《まちむすめ》や三枚目的《さんまいめてき》な意味合いをもたせることが多いようです。

楽屋《がくや》と衣裳部屋《いしょうべや》との往復《おうふく》で大いそがし

衣裳《いしょう》さんのしごとは、俳優《はいゆう》さんと打ち合せを重ねながら、それぞれの職人《しょくにん》さんが豪華《ごうか》な歌舞伎《かぶき》衣裳《いしょう》の製作《せいさく》を手がけることです。ほかにも、公演中《こうえんちゅう》に劇場《げきじょう》の衣《い》裳《しょう》部屋《べや》につめて、俳優《はいゆう》さんの衣裳《いしょう》の世話をするのが「衣裳方《いしょうかた》」とよばれる人たちです。

主だった俳優《はいゆう》さんには専属《せんぞく》の衣裳方《いしょうかた》がつきます。衣裳方《いしょうかた》は、準備《じゅんび》してある衣裳《いしょう》を、舞台《ぶたい》がはじまる前に俳優《はいゆう》さんの部屋に持っていき、俳優《はいゆう》さんのお弟子《でし》さんといっしょに「着つけ」をします。そして、出番を終えた俳優《はいゆう》さんが、楽屋《がくや》へもどってくる時間に合わせて楽屋《がくや》にむかい、衣裳《いしょう》をぬぐ手伝《てつだ》いをするのです。そのため、衣裳部屋《いしょうべや》にはモニターが置《お》いてあり、つねに舞台《ぶたい》のようすが見られるようになっています。

俳優《はいゆう》さんがぬいだ衣裳《いしょう》はすぐに衣裳部《いしょうべ》屋《や》に持ちかえり、よごれた部分の手入れをして次の日にそなえます。

公演《こうえん》が終わると、それぞれの役柄《やくがら》ごとにまとめられた衣裳《いしょう》がもどってきます。衣裳《いしょう》は、すみずみまで細かくチェックされ、修繕《しゅうぜん》の必要《ひつよう》があるものは手入れをしてしまっておきます。

衣裳《いしょう》の手入れと保管《ほかん》

衣裳《いしょう》さんのしごとの大切な役割《やくわり》の一つに、衣裳《いしょう》の手入れと保管《ほかん》があります。歴代《れきだい》の俳優《はいゆう》さんや、先輩職人《せんぱいしょくにん》さんがつちかってきた歌舞伎《かぶき》の衣裳《いしょう》への思いを受けとめながら、愛情《あいじょう》をこめて、しごとにとりくんでいます。

次の公演《こうえん》の演目《えんもく》が決まると、さっそく必要《ひつよう》になる衣裳《いしょう》の準備《じゅんび》をはじめます。同じ演目《えんもく》でも、演《えん》じる俳優《はいゆう》さんによって、衣裳《いしょう》が変《か》わることもあるので、幅広《はばひろ》い知識《ちしき》が必要《ひつよう》になります。

1回の公演《こうえん》で使用される衣裳《いしょう》は、登場人物が多ければ多いほど膨大《ぼうだい》な枚数《まいすう》になります。役の身分、年齢《ねんれい》、季節《きせつ》によって衣裳《いしょう》はことなります。依頼《いらい》があればすぐにとりだせるように、倉庫《そうこ》には種類《しゅるい》ごとに整理された衣裳《いしょう》が保管《ほかん》されています。

終了後《しゅうりょうご》の手入れも念入《ねんい》りに

一見《いっけん》、丈夫《じょうぶ》そうに見える衣裳《いしょう》ですが、一か月近い公演《こうえん》のあいだには、よごれや傷《いた》みも目立ってきます。

歌舞伎《かぶき》の衣裳《いしょう》には、古くから受けつがれているものや、現在《げんざい》の技術《ぎじゅつ》では復元《ふくげん》できないような貴《き》重《ちょう》な衣裳《いしょう》もあり、日々《ひび》の手入れは欠《か》かせません。公演終了後《こうえんしゅうりょうご》には、衣裳《いしょう》をほどいて傷《いた》みのはげしい箇所《かしょ》を修繕《しゅうぜん》したり、シミぬき、ドライクリーニングに出したりと、念入《ねんい》りなチェックをして保管《ほかん》するのも衣裳《いしょう》さんの大事なしごとです。

ミニ知識《ちしき》

「附《つ》け帳《ちょう》」からはじまる衣裳《いしょう》の準備《じゅんび》

「附《つ》け帳《ちょう》」とは、場面ごとの俳優《はいゆう》さんの衣裳《いしょう》や、その好《この》みやこだわりまでを細かく記録《きろく》してある帳面《ちょうめん》のことです。演目《えんもく》が決まると、衣裳《いしょう》さんは過去《かこ》の「附《つ》け帳《ちょう》」を参考《さんこう》にして衣裳《いしょう》を準備《じゅんび》することもあります。附《つ》け帳《ちょう》を見れば、何年前の演目《えんもく》でも、同じように舞台《ぶたい》で再現《さいげん》することができるのです。

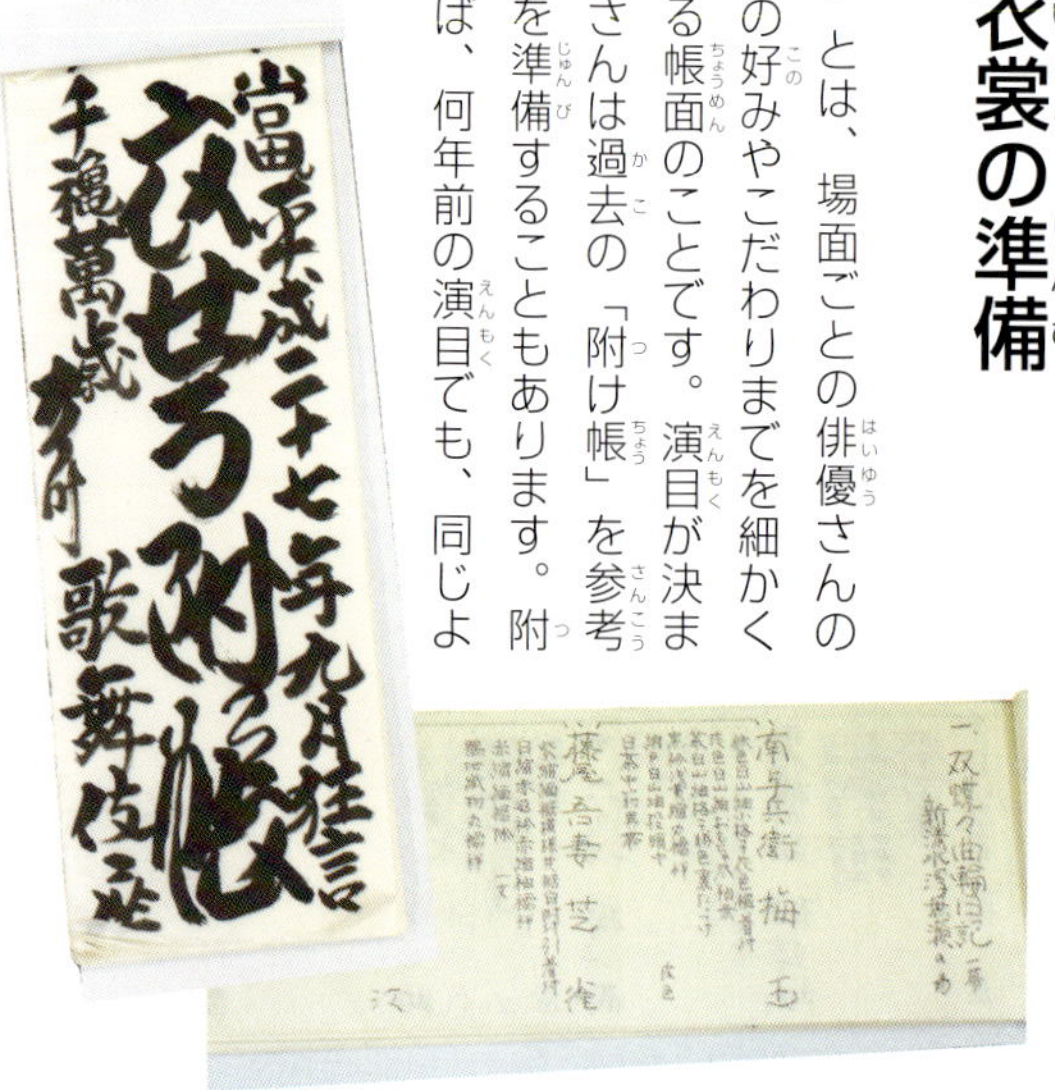

専門《せんもん》の職人《しょくにん》さんの技《わざ》

ひと口に『衣裳《いしょう》』といっても、豪華《ごうか》な着物や帯《おび》だけではありません。松竹衣裳《しょうちくいしょう》の工房《こうぼう》では、衣裳《いしょう》を着るために必要《ひつよう》な「襦《じゅ》袢《ばん》」や「着肉《きにく》（衣裳《いしょう》の下に着るもの）」、「こぎれ」などを、それぞれ専門《せんもん》の職人《しょくにん》さんたちが担当《たんとう》しています。

製作中《せいさくちゅう》のスペシャリストたち。この工房《こうぼう》から、歌舞伎《かぶき》の衣裳《いしょう》に必要《ひつよう》な小物たちが生みだされます。

和裁《わさい》の専門学校《せんもんがっこう》を卒業《そつぎょう》している人がほとんどですが、歌舞伎《かぶき》の衣裳《いしょう》は独特《どくとく》なので日々《ひび》勉強。簡《かん》単《たん》な直しものから織《お》りあがった着物の仕立てまで、経験《けいけん》をつみかさねていきます。

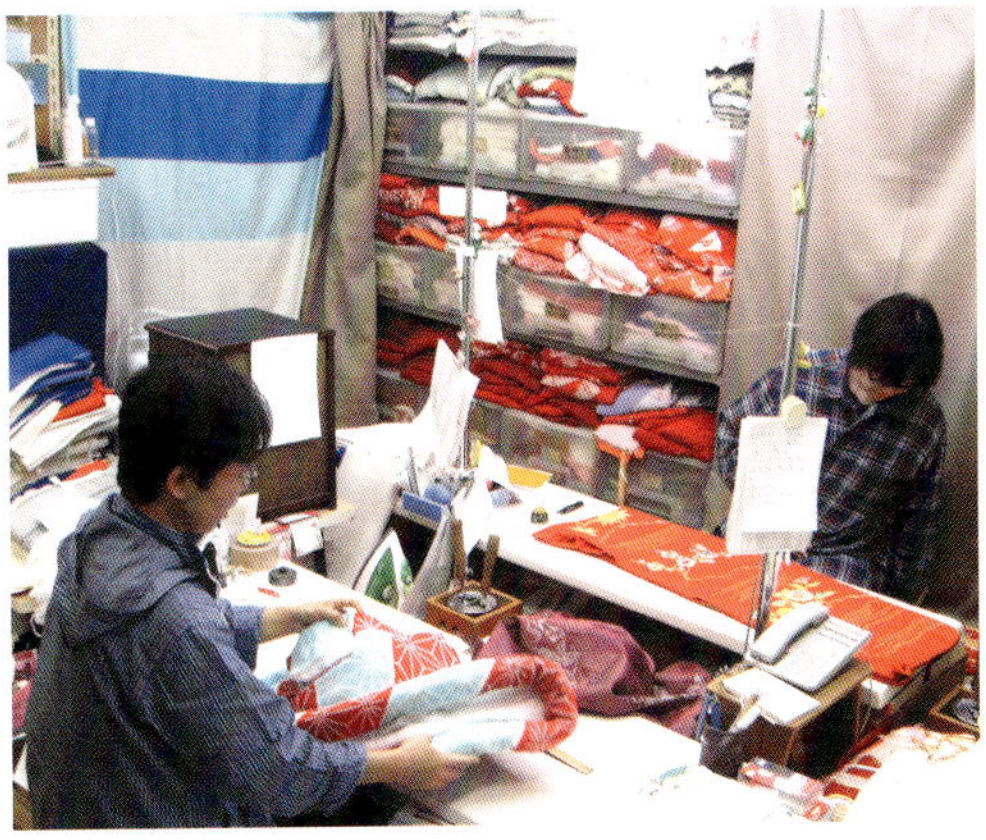

襦袢《じゅばん》

着物の下に着るものですが、華《はな》やかな衣裳《いしょう》をより引きたてる役目をするのが襦袢《じゅばん》です。この着物にはこの襦袢《じゅばん》を組みあわせる、といった歌舞伎《かぶき》特有《とくゆう》の約束《やくそく》ごともあるので、担当者《たんとうしゃ》は幅広《はばひろ》い知識《ちしき》がもとめられます。

着肉《きにく》

体を大きく見せたり、お相撲《すもう》さんの体型《たいけい》にするために綿《わた》を入れた「綿入着《わたいれき》肉《にく》（肉襦袢《にくじゅばん》）」や、白粉《おしろい》をぬったように見せる「おしろい着肉《きにく》」など、歌舞伎《かぶき》独特《どくとく》の衣裳《いしょう》である「着肉《きにく》」を製作《せいさく》しています。

こぎれ

「前かけ」「ずきん」「手ぬぐい」「丸ぐけ（布《ぬの》の帯締《おびじ》め）」「腰帯《こしおび》」など、衣裳《いしょう》に関連《かんれん》する小物をまとめて「こぎれ」といいます。ここでは、衣裳《いしょう》に合わせて華《はな》やかでかわいい小物を製作《せいさく》しています。

ミニインタビュー　プロとして自覚《じかく》をもつことの大切さ

松竹衣裳株式会社《しょうちくいしょうかぶしきがいしゃ》
辻《つじ》 正夫《まさお》さん

今は営業本部《えいぎょうほんぶ》にいますが、以前《いぜん》は衣裳方《いしょうかた》にいて、大看板《おおかんばん》の俳優《はいゆう》さんの専属《せんぞく》をしていたこともありました。そのころのこと、テレビの取材《しゅざい》が入って、たまたま衣裳部屋《いしょうべや》でアイロンをかけているところがうつったんですが、それを見ていた子どもが「お父さんのしごとは、せんたく屋さん」だと、ずっと思っていたらしいです。

アイロンがけは、衣裳《いしょう》のしごとのなかのほんの一部ですが、歌舞伎《かぶき》の着物は、刺繍《ししゅう》や金銀箔《きんぎんはく》の装飾《そうしょく》があるものが多いので、アイロンがけ一つにしてもプロの技《わざ》が要求《ようきゅう》されます。俳優《はいゆう》さんに気持ちよく着てもらいたい、という気持ちをつみかねていくうちに、衣裳《いしょう》に対する俳優《はいゆう》さんのこだわりを相談されたり、いっしょに考えてつくりあげていく信頼感《しんらいかん》が生まれてきたと思っています。

後見《こうけん》（黒衣《くろご》）

見えるけれど、見えない存在《そんざい》!?

差金《さしがね》とよばれる長い棒《ぼう》の先にとりつけられた４羽のすずめを本物らしく動かします。

全身真っ黒の装束《しょうぞく》を着た後見《こうけん》を「黒衣《くろご》の後見《こうけん》」といいます。歌舞伎《かぶき》では黒色は「見えないもの」という意味があるので、真っ黒の装束《しょうぞく》を着ているのです。

ただし海や川の場面では水色の装《しょう》束《ぞく》を着た「水衣《みずご》（浪衣《なみご》）」、雪のつもった場面では白い装束《しょうぞく》を着た「雪衣《ゆきご》」が登場することがあります。いずれも黒い装束《しょうぞく》がかえって目立ちすぎないように、という工夫《くふう》です。

また歌舞伎舞踊《かぶきぶよう》や、「歌舞伎十八《かぶきじゅうはち》番《ばん》」などのとくに古風な演出《えんしゅつ》の演目《えんもく》では、顔を出して、肩衣《かたぎぬ》と袴《はかま》、髷《まげ》のかつらを身につけた「裃後見《かみしもこうけん》」が登場します。

後見《こうけん》は舞台上《ぶたいじょう》に姿《すがた》をあらわしてあちこちを移動《いどう》しますので、観客《かんきゃく》にははっきり見えているわけですが、そこには存在《そんざい》しない、という前提《ぜんてい》で芝《しば》居《い》は進んでいきます。いわば舞台《ぶたい》と観客《かんきゃく》とのあいだの「お約束《やくそく》」です。

基本《きほん》の装束《しょうぞく》

黒衣《くろご》の装束《しょうぞく》は、頭巾《ずきん》や着物だけでなく、手甲《てっこう》や足袋《たび》などもすべて真っ黒になっています。舞台上《ぶたいじょう》でいろいろな役割《やくわり》をすばやくこなすため、とても動きやすくなっています。

雪衣《ゆきご》

水衣《みずご》（浪衣《なみご》）

黒衣《くろご》（後見《こうけん》）のいろいろなしごと

後見《こうけん》は、俳優《はいゆう》がスムーズに演技《えんぎ》できるように手助けをするアシスタントで、多くはその俳優《はいゆう》の弟子《でし》がつとめます。俳優《はいゆう》が舞台上《ぶたいじょう》で衣裳《いしょう》を着たりぬいだりするときの手伝《てつだ》いをしたり、俳優《はいゆう》が腰《こし》をかけるための「合引《あいびき》」（座布団《ざぶとん》のついた小型《こがた》の台）、演技《えんぎ》に使う小道具《こどうぐ》などを目立たないように出し入れすることも担当《たんとう》します。

またチョウ・鳥などの人形に「差金《さしがね》」という細い棒《ぼう》をつけ、飛《と》んでいるように操作《そうさ》することもあります。舞台上《ぶたいじょう》での不意《ふい》のトラブルにとっさに対応《たいおう》する役割《やくわり》ももっています。

わたしを見てね
ぼくは見えないことになっているんだよ

小道具《こどうぐ》をわたす

俳優《はいゆう》に、すばやく小道具《こどうぐ》をわたします。

合引《あいびき》を持ってひかえる

俳優《はいゆう》が座《すわ》るタイミングに合わせて、お尻《しり》の下にさしいれます。

着がえの手伝《てつだ》いをする

「ぶっ返り」「引抜《ひきぬき》」など、舞台上《ぶたいじょう》での早変《はやが》わりのときに手伝《てつだ》います。

動物のなかに入る

馬の脚《あし》や、がまがえるなどの動物の着ぐるみのなかに入ります。

歌舞伎《かぶき》を楽しもう

歌舞伎座《かぶきざ》で「和を学ぶ」

こども歌舞伎《かぶき》スクール「寺子屋《てらこや》」

実際《じっさい》に舞台《ぶたい》に立ったつもりになって、せりふをいいながらの演技《えんぎ》のけいこをします。

舞台《ぶたい》で使われる小道具《こどうぐ》に実際《じっさい》にふれてのワークショップ。

日本舞踊《にほんぶよう》の所作《しょさ》（動作）で、美しい動きを学びます。

歌舞伎《かぶき》の舞台《ぶたい》に出演《しゅつえん》している子役たちは、俳優《はいゆう》さんの親族や部屋子《へやご》だけではありません。男性《だんせい》しか舞台《ぶたい》に立てない歌舞伎《かぶき》の世界ですが、子役にかぎっては女の子も出演《しゅつえん》することができるのを知っていましたか？

「歌舞伎《かぶき》の舞台《ぶたい》に立ちたい」「礼儀作法《れいぎさほう》を学びたい」という子どもたちのために、歌舞伎座《かぶきざ》では、平成《へいせい》二十五年にこども歌舞伎《かぶき》スクール「寺子屋《てらこや》」をオープンしました。

指導《しどう》してくれるのは、実際《じっさい》に歌舞伎《かぶき》の舞台《ぶたい》にたずさわっている方々《かたがた》で、浴衣《ゆかた》の着つけや礼儀作法《れいぎさほう》からはじまり、所作《しょさ》、発声、日本舞踊《にほんぶよう》の基礎《きそ》や歌舞伎子役《かぶきこやく》の演技《えんぎ》の実技《じつぎ》を学ぶことができます。

梅《うめ》（基礎《きそ》コース）、竹《たけ》（発展《はってん》コース）、松《まつ》（前進コース）と進むにつれて、より深く日本の伝統文《でんとうぶん》化《か》にふれ、「歌舞伎《かぶき》」をさらに身近に感じることができるでしょう。目標《もくひょう》にむかってがんばれば、歌《か》舞伎座《ぶきざ》の舞台《ぶたい》に子役として立つことも夢《ゆめ》ではありません。

【問い合わせ先】
歌舞伎《かぶき》アカデミー
こども歌舞伎《かぶき》スクール
「寺子屋《てらこや》」事務局《じむきょく》

〒104-8422
東京都中央区築地 4-1-1 東劇ビル
松竹株式会社演劇本部内
TEL 03-5550-1678
http://www.shochiku.co.jp/terakoya/

歌舞伎《かぶき》が見られる主な劇場《げきじょう》

※このほかにも、地域《ちいき》のホールなどで上演《じょうえん》されることがあります。

歌舞伎座《かぶきざ》

歌舞伎座《かぶきざ》

〒104-0061　東京都中央区銀座 4-12-15

TEL 03-3545-6800

https://www.kabuki-za.co.jp/

1889（明治《めいじ》22）年の開場以来《かいじょういらい》、100年以上《いじょう》にわたって歌舞伎《かぶき》を上演《じょうえん》しつづけてきた歌舞伎《かぶき》の殿堂《でんどう》ともいえる劇場《げきじょう》です。2013（平成《へいせい》25）年に建《た》てかえが完了《かんりょう》し、29階建《かいだ》ての歌舞伎座《かぶきざ》タワーを併設《へいせつ》した新しい歌舞伎座《かぶきざ》に生まれかわりました。

金丸座《かなまるざ》

〒766-0001　香川県仲多度郡琴平町乙 1241

TEL 0877-73-3846

https://www.konpirakabuki.jp/index.html

正式名称《せいしきめいしょう》は「旧金毘羅大芝居《きゅうこんぴらおおしばい》」といい、1835（天保《てんぽう》6）年に建《た》てられた現存《げんそん》する日本最古《さいこ》の芝居小屋《しばいごや》です。1985（昭和《しょうわ》60）年から毎年歌舞伎《かぶき》が上演《じょうえん》され、江戸《えど》時代《じだい》の芝居小屋《しばいごや》の雰囲気《ふんいき》を体験《たいけん》できる劇場《げきじょう》として人気を集めています。

八千代座《やちよざ》

〒861-0501　熊本県山鹿市山鹿 1499

TEL 0968-44-4004

https://www.yachiyoza.com/

1910（明治《めいじ》43）年に建《た》てられ、まわり舞《ぶ》台《たい》や枡席《ますせき》、花道《はなみち》など、江戸時代《えどじだい》の歌舞伎小屋《かぶきごや》の歴史《れきし》を伝《つた》える芝居小屋《しばいごや》として有名です。5年にわたる大修理《だいしゅうり》を終え、2001（平成《へいせい》13）年に再《さい》オープンしました。坂東玉三郎《ばんどうたまさぶろう》による歌舞伎《かぶき》や芝居《しばい》の公演《こうえん》でも有名です。

出石《いずし》 永楽館《えいらくかん》

〒668-0234　兵庫県豊岡市出石町柳 17-2

TEL 0796-52-5300

http://eirakukan.com/

1901（明治《めいじ》34）年に建《た》てられた劇場建《げきじょうけん》築《ちく》の芝居小屋《しばいごや》で、明治後期《めいじこうき》から昭和初期《しょうわしょき》にかけて、但馬地方《たじまちほう》の大衆文化《たいしゅうぶんか》の中心として栄《さか》えました。2008（平成《へいせい》20）年に復元《ふくげん》工事《こうじ》が完成《かんせい》し、歌舞伎《かぶき》や演劇《えんげき》などの公演《こうえん》が行われています。

京都四條南座《きょうとしじょうみなみざ》

〒605-0075　京都市東山区四条大橋東詰

TEL 075-561-1155

https://www.shochiku.co.jp/play/theater/minamiza/

京都四条《きょうとしじょう》の鴨川《かもがわ》ぞいにある劇場《げきじょう》。現在《げんざい》の建《たて》物《もの》は1991（平成《へいせい》3）年に改修《かいしゅう》され、新装《しんそう》開場《かいじょう》したもので、歌舞伎以外《かぶきいがい》にも演劇《えんげき》やコンサートの公演《こうえん》が行われています。毎年12月に行われる顔見世興行《かおみせこうぎょう》は、京都の冬の風物詩《ふうぶつし》として親しまれています。

大阪松竹座《おおさかしょうちくざ》

〒542-0071　大阪市中央区道頓堀 1-9-19

TEL 06-6214-2211

https://www.shochiku.co.jp/play/theater/shochikuza/

大正時代《たいしょうじだい》に映画館《えいがかん》として建《た》てられましたが、1997（平成《へいせい》9）年に外観《がいかん》を残《のこ》しつつ最新《さいしん》の設備《せつび》をそなえた劇場《げきじょう》として再開場《さいかいじょう》しました。関西《かんさい》における歌舞伎《かぶき》の劇場《げきじょう》の中心となっているほか、松竹新喜劇《しょうちくしんきげき》、新劇《しんげき》、ミュージカル、コンサートなどが上演《じょうえん》されています。

博多座《はかたざ》

〒812-8615　福岡市博多区下川端町 2-1

TEL 092-263-5858

https://www.hakataza.co.jp/

1999（平成《へいせい》11）年に開場《かいじょう》した福岡市立《ふくおかしりつ》の演劇専用劇場《えんげきせんようげきじょう》です。座席数《ざせきすう》は九州では最《さい》大級《だいきゅう》で、歌舞伎《かぶき》をはじめとしてミュージカル、商業演劇《しょうぎょうえんげき》など、月替《つきが》わりでさまざまな演目《えんもく》が上演《じょうえん》されています。

国立劇場《こくりつげきじょう》

〒102-8656　東京都千代田区隼町 4-1

TEL 03-3265-7411

https://www.ntj.jac.go.jp/kokuritsu.html

日本の伝統芸能《でんとうげいのう》にたずさわる人材《じんざい》の育成《いくせい》や、資料《しりょう》の収集《しゅうしゅう》・研究などにも力を入れています。2つの劇場《げきじょう》があり、大劇場《だいげきじょう》では歌舞伎《かぶき》の公演《こうえん》を中心に、小劇場《しょうげきじょう》では文楽《ぶんらく》・日本舞《にほんぶ》踊《よう》・雅楽《ががく》・民族芸能《みんぞくげいのう》などが行われています。国立劇場再整備等事業《こくりつげきじょうさいせいびとうじぎょう》のため、2023（令《れい》和《わ》5）年10月でいったん閉場《へいじょう》となります。

新橋演舞場《しんばしえんぶじょう》

〒104-0061　東京都中央区銀座 6-18-2

TEL 03-3541-2600

https://www.shinbashi-enbujo.co.jp/

1925（大正《たいしょう》14）年の開場以来《かいじょういらい》、歌舞伎《かぶき》、新派《しんぱ》、松竹新喜劇《しょうちくしんきげき》、歌手による芝居公演《しばいこうえん》など、幅広《はばひろ》い演劇《えんげき》が上演《じょうえん》されてきました。歌《か》舞伎座《ぶきざ》のすぐ近くにあり、長い歴史《れきし》と伝統《でんとう》をもつ歌舞伎座《かぶきざ》に対して、より自由な視点《してん》で歌舞伎《かぶき》の公演《こうえん》が行われています。

浅草公会堂《あさくさこうかいどう》

〒111-0032　東京都台東区浅草 1-38-6

TEL 03-3844-7491

https://asakusa-koukaidou.net/

毎年1月に行われる「新春浅草歌舞伎《しんしゅんあさくさかぶき》」は若手歌舞伎俳優《わかてかぶきはいゆう》の登竜門《とうりゅうもん》ともいわれ、次世代をになう若手花形俳優《わかてはながたはいゆう》が顔をそろえます。ほかにも浅草芸能大賞《あさくさげいのうたいしょう》や漫才大会《まんざいたいかい》、日《に》本舞踊《ほんぶよう》の会などの公演《こうえん》が行われています。

伝統芸能《でんとうげいのう》が調べられる本

【伝統芸能全般《でんとうげいのうぜんぱん》】

『ポプラディア情報館《じょうほうかん》　伝統芸能《でんとうげいのう》』

三隅治雄／監修　ポプラ社（2007）

【歌舞伎《かぶき》】

『新版《しんばん》　日本の伝統芸能《でんとうげいのう》はおもしろい　市川染五郎《いちかわそめごろう》と歌舞伎《かぶき》を観《み》よう』

市川染五郎／監修　小野幸恵／著　岩崎書店（2015）

『こども伝統芸能《でんとうげいのう》シリーズ1　歌舞伎《かぶき》　市川染五郎《いちかわそめごろう》　私《わたし》がご案内《あんない》します』

市川染五郎／監修　アリス館（2006）

『物語で学ぶ日本の伝統芸能《でんとうげいのう》3　歌舞伎《かぶき》』

原道生／監修　くもん出版（2004）

『日本の伝統芸能《でんとうげいのう》3　歌舞伎《かぶき》と舞踊《ぶよう》』

高橋秀雄・芳賀日出男／監修
石橋健一郎／著　小峰書店（1995）

『伝《つた》えよう！　日本の伝統芸能《でんとうげいのう》　大研究　歌舞伎《かぶき》と文楽《ぶんらく》の図鑑《ずかん》』

国土社編集部／編　児玉竜一／監修　国土社（2016）

『子ども版《ばん》　声に出して読みたい日本語（10）　知らざあ言って　絶景《ぜっけい》かな／歌舞伎《かぶき》・狂言《きょうげん》』

斎藤孝／編　草思社（2005）

『歌舞伎入門《かぶきにゅうもん》　岩波ジュニア新書』

古井戸秀夫／著　岩波書店（2002）

『歌舞伎《かぶき》一年生　ちくまプリマー新書』

中川右介／著　筑摩書房（2016）

『夢《ゆめ》の江戸《えど》歌舞伎《かぶき》』

服部幸雄／文　一ノ関圭／絵　岩波書店（2001）

伝統芸能《でんとうげいのう》が調べられる場所

【歌舞伎《かぶき》】

早稲田《わせだ》大学《だいがく》坪内《つぼうち》博士《はかせ》記念《きねん》演劇《えんげき》博物館《はくぶつかん》

〒169-8050　東京都新宿区西早稲田 1-6-1
TEL 03-5286-1829
https://www.waseda.jp/enpaku/

日本で唯一《ゆいいつ》の演劇専門《えんげきせんもん》の博物館《はくぶつかん》。演劇《えんげき》にかんするさまざまな資料《しりょう》が収集《しゅうしゅう》され、歌舞伎《かぶき》関連《かんれん》の資料《しりょう》も豊富《ほうふ》に収蔵《しゅうぞう》されています。博物館《はくぶつかん》での展示《てんじ》のほか、ホームページで資料《しりょう》のデータベースを利用《りよう》することもできます。

歌舞伎座《かぶきざ》ギャラリー

〒104-0061　東京都中央区銀座 4-12-15　歌舞伎座タワー５階
TEL 03-3545-6886
https://www.museum.or.jp/museum/17478

公演《こうえん》で使われる衣装《いしょう》やかつら、道具などが展示《てんじ》され、歌舞伎《かぶき》を見たことのない人にも楽しめるよう工夫《くふう》されています。
入場料《にゅうじょうりょう》／一般《いっぱん》：500円（小学生未満無料）

【ウェブサイト】

歌舞伎《かぶき》への誘《いざな》い

https://www2.ntj.jac.go.jp/unesco/kabuki/jp/

独立行政法人《どくりつぎょうせいほうじん》日本芸術文化振興会《にほんげいじゅつぶんかしんこうかい》が運営《うんえい》する歌舞伎《かぶき》を鑑賞《かんしょう》するための手引きとなるウェブサイト。歌舞伎《かぶき》の歴史《れきし》や、舞台《ぶたい》の仕組み、歌舞伎《かぶき》の表現《ひょうげん》、代表的《だいひょうてき》な演目《えんもく》などについて調べることができます。

文化デジタルライブラリー

https://www2.ntj.jac.go.jp/dglib/

独立行政法人《どくりつぎょうせいほうじん》日本芸術文化振興会《にほんげいじゅつぶんかしんこうかい》が運営《うんえい》する「伝統芸能《でんとうげいのう》を調べる・見る・学ぶ」ためのサイトです。映像《えいぞう》による解説《かいせつ》や画像資料《がぞうしりょう》など豊富《ほうふ》なコンテンツで能楽《のうがく》・歌舞伎《かぶき》・文楽《ぶんらく》などの基礎知識《きそちしき》を「学ぶ」ほか、公演記録《こうえんきろく》を「調べる」、収蔵資料《しゅうぞうしりょう》を「見る」ことができます。

ミニミニ「用語基礎知識《ようごきそちしき》」

赤っ面（あかっつら）
顔を赤くぬる化粧《けしょう》のこと。また、この化粧《けしょう》をしている役そのものも「赤《あか》っ面《つら》」とよぶ。大悪人の家来《けらい》や手下《てした》にあたる平敵《ひらがたき》、端敵《はがたき》とよばれる敵役《かたきやく》の多くは「赤《あか》っ面《つら》」で登場する。

荒事（あらごと）
荒武者《あらむしゃ》や鬼神《きじん》などを主役にした荒々《あらあら》しく豪《ごう》快《かい》な歌舞伎《かぶき》の演技《えんぎ》。元禄時代《げんろくじだい》の江戸《えど》で初代《しょだい》市川団十郎《いちかわだんじゅうろう》によってはじめられた。その力強さ、おおらかさが江戸《えど》の人々《ひとびと》にこのまれ、江戸歌舞伎《えどかぶき》の特色《とくしょく》となった。

板付（いたつき）
幕《まく》が上がったときに俳優《はいゆう》がすでに舞台《ぶたい》に出ていること。「板」は舞台《ぶたい》の意味。

居所替り（いどころがわり）
幕《まく》や、まわり舞台《ぶたい》などは使わずに、さまざまなしかけを組みあわせることで、短時間に舞台装置《ぶたいそうち》を一変《いっぺん》させること。

大向う（おおむこう）
最上階《さいじょうかい》にある客席《きゃくせき》、またその席《せき》の観客《かんきゃく》のこと。値段《ねだん》が安く、何度も通う客が多いことから、常連客《じょうれんきゃく》や芝居通《しばいつう》の観客《かんきゃく》を「大向《おおむこ》う」というようになった。

顔見世（かおみせ）
一座《いちざ》の役者がそろって観客《かんきゃく》の前に顔を見せること。江戸時代《えどじだい》の歌舞伎俳優《かぶきはいゆう》は芝居小屋《しばいごや》と１年契約《けいやく》で、毎年 11 月には、その劇《げき》場《じょう》と契約《けいやく》を結《むす》んだ俳優《はいゆう》の顔ぶれをそろえて公演《こうえん》が行われた。これを「顔見世《かおみせ》」といった。

加役（かやく）
演出上《えんしゅつじょう》の効果《こうか》などから、俳優《はいゆう》がいつも演《えん》じている役柄以外《やくがらいがい》の役を演《えん》じること。立役《たちやく》の俳優《はいゆう》が女方《おんながた》の役を演《えん》じたり、女方《おんながた》の俳優《はいゆう》が立役《たちやく》の役を演《えん》じたりする場合に使う。

からみ
主役の強さなどを強調したり、その動きを引きたたせるために、主役にからんで立ち回りをしたり、とんぼを返ったりする端役《はやく》のこと。

クドキ
義太夫狂言《ぎだゆうきょうげん》のなかで女性《じょせい》が自分の心情《しんじょう》を切々《せつせつ》と語る場面。義太夫狂言《ぎだゆうきょうげん》の主役は多くが立役《たちやく》だが、「クドキ」では女方《おんながた》が演技《えんぎ》の中心となり、浄瑠璃《じょうるり》に合わせて舞踊《ぶよう》に近い様式的《ようしきてき》な動きを見せる。

外題（げだい）
歌舞伎《かぶき》・浄瑠璃《じょうるり》などの題名。もとは上方《かみがた》で使われた言葉で、江戸《えど》では名題《なだい》といった。

外連（けれん）
大道具《おおどうぐ》や小道具《こどうぐ》のしかけを使って、観客《かんきゃく》の意表《いひょう》をついたり、おどろかせたりする、見た目本位《ほんい》の奇抜《きばつ》な演出《えんしゅつ》や演技《えんぎ》のこと。早変《はやが》わり・宙乗《ちゅうの》りなど。

口上（こうじょう）
俳優《はいゆう》が舞台《ぶたい》の上から観客《かんきゃく》に申しのべるあいさつのこと。いくつか種類《しゅるい》があるが、襲名《しゅうめい》披露《ひろう》や追善興行《ついぜんこうぎょう》などのときに一幕《ひとまく》をもうけ、裃姿《かみしもすがた》にかつらをつけた俳優《はいゆう》が舞台《ぶたい》にならんで行うのが一般的《いっぱんてき》。

口跡（こうせき）
せりふをいうときの発声法《はっせいほう》。声の高低《こうてい》や抑《よく》揚《よう》（めりはり）などをいう。せりふが客席《きゃくせき》のすみずみまではっきり通ることを「口跡《こうせき》がよい」という。

座頭（ざがしら）
一座《いちざ》の長《ちょう》となる最高位《さいこうい》の役者のこと。江戸《えど》時代《じだい》には、作品の演出《えんしゅつ》など舞台上《ぶたいじょう》のことだけでなく、芝居小屋《しばいごや》の経営《けいえい》などにもかかわり、大きな権力《けんりょく》を持っていた。

所作事（しょさごと）
歌舞伎舞踊《かぶきぶよう》のこと。「振事《ふりごと》」「景事《けいごと》」ともいう。もともとは女方《おんながた》の出し物だったが、しだいに立役《たちやく》も踊《おど》るようになった。

千秋楽（せんしゅうらく）
公演《こうえん》の最終日《さいしゅうび》のこと。略《りゃく》して「楽《らく》」ともいう。歌舞伎《かぶき》では「千穐楽《せんしゅうらく》」とも書くが、これは芝居小屋《しばいごや》を何度も火事で焼失《しょうしつ》したことから、「秋」の字の「火」をきらい、縁起《えんぎ》のよい「亀《かめ》」をふくむ「穐《しゅう》」の字を使ったものといわれる。

だんまり
暗闇《くらやみ》のなか、登場人物が無言《むごん》で、たがいのことをさぐりあう動作を様式的《ようしきてき》に見せるもの。暗闇《くらやみ》という設定《せってい》のため、役者は実際《じっさい》には見えている相手や物を、見えないものとして演技《えんぎ》する。

面明り（つらあかり）
役者の顔をよく見せるため、長い柄《え》のついた燭台《しょくだい》を黒衣《くろご》の後見《こうけん》がさしだして役者の顔をてらすもの。「差出《さしだ》し」ともいう。電気《でんき》照明《しょうめい》のないころに、主に花道《はなみち》での演技《えんぎ》に使われた。現在《げんざい》でも古風《こふう》な味わいを出すために用いて効果《こうか》をあげている。

とんぼ
立ち回りの場面などで、主役から切られたり投げとばされたりするときに、舞台《ぶたい》に手をつかずに宙返《ちゅうがえ》りすること。殺陣《たて》の基本《きほん》として歌舞伎俳優《かぶきはいゆう》が習得《しゅうとく》すべきものとされている。

奈落（ならく）
劇場《げきじょう》で、舞台《ぶたい》や花道《はなみち》の床下《ゆかした》のこと。まわり舞台《ぶたい》やセリなどの装置《そうち》がある。江戸時代《えどじだい》の芝居小屋《しばいごや》では、まわり舞台《ぶたい》やセリなどを奈《な》落《らく》から人力で動かしていた。

人形振り（にんぎょうぶり）
義太夫狂言《ぎだゆうきょうげん》で、俳優《はいゆう》が人形浄瑠璃《にんぎょうじょうるり》の人形をまねた、ぎくしゃくした動きで、あたかも人形遣《にんぎょうつか》いにあやつられているような演技《えんぎ》をすること。

やつし
和事《わごと》の演技《えんぎ》・演出《えんしゅつ》の一種《いっしゅ》で、高貴《こうき》な身分の人物が、なんらかの理由で落ちぶれたようすを演《えん》じるもの。みすぼらしい身なりと、もとは立派《りっぱ》な身分であることから、しぜんと出る上品でやわらかなしぐさとの落差《らくさ》が、やつしのおもしろみとされる。

梨園（りえん）
歌舞伎役者《かぶきやくしゃ》の社会のこと。唐《とう》（中国）の玄宗《げんそう》皇帝《こうてい》が、宮廷内《きゅうていない》の梨《なし》の木《き》を植えた庭園で、みずから音楽や舞踊《ぶよう》を教えたという故事《こじ》から。

和事（わごと）
元禄時代《げんろくじだい》に上方《かみがた》で初代坂田藤十郎《しょだいさかたとうじゅうろう》によって完成《かんせい》された、やわらかで優美《ゆうび》な歌舞伎《かぶき》の演《えん》技《ぎ》。江戸《えど》で発達《はったつ》した荒事《あらごと》に対して、上方歌《かみがたか》舞伎《ぶき》の伝統的《でんとうてき》な芸《げい》となった。

さくいん

【あ】
合引《あいびき》……49
青砥稿花紅彩絵《あおとぞうしはなのにしきえ》……11、25
赤《あか》っ面《つら》……53
赤幕《あかまく》……11
揚幕《あげまく》……9
浅葱幕《あさぎまく》……11
当《あた》り鉦《がね》……21
油付《あぶらつき》……43
荒事《あらごと》……17、27、43、53

【い】
家《いえ》の芸《げい》……14
衣裳《いしょう》……19、44〜47
衣裳方《いしょうかた》……45
板付《いたつき》……53
市川団十郎《いちかわだんじゅうろう》……27
一門《いちもん》……14
一本隈《いっぽんぐま》……17
居所替《いどころがわ》り……53
茨木《いばらき》……17
妹背山婦女庭訓《いもせやまおんなていきん》……15

【う】
唄方《うたかた》……22

【え】
燕手《えんで》……43

【お】
大道具《おおどうぐ》……28〜31
大向《おおむこ》う……53
お国《くに》……6
音羽屋《おとわや》……14
オルゴール……21
御曹司《おんぞうし》……15
女方《おんながた》（女形《おんながた》）……7、15

【か】
火焔隈《かえんぐま》……17
顔見世《かおみせ》……53
鏡獅子《かがみじし》……27、39
書割《かきわり》……28
霞幕《かすみまく》……11
かつら……36〜39
かつら合わせ……36、37
仮名手本忠臣蔵《かなでほんちゅうしんぐら》……24〜26
かぶきおどり……6
歌舞伎十八番《かぶきじゅうはちばん》……27、48
かぶき者……6、12
かぶく……6
裃後見《かみしもこうけん》……48
上手《かみて》……8、9
加役《かやく》……15、53
からみ……13、53
ガリ時計……21
勧進帳《かんじんちょう》……12、27、33
がんどう返し……11

【き】
擬音笛《ぎおんぶえ》……23
義太夫狂言《ぎだゆうきょうげん》……22、26
義太夫節《ぎだゆうぶし》……22、26
義太夫物《ぎだゆうもの》……26
狐忠信《きつねただのぶ》……12、17
狐六方《きつねろっぽう》……12
着肉《きにく》……19、47
京鹿子娘道成寺《きょうがのこむすめどうじょうじ》……13、23、26、32、35
経師《きょうじ》……35
清元《きよもと》……11、22、23

【く】
公家《くげ》荒《あ》れ……17
クドキ……53
隈取《くまどり》……16、17
くり……38、43
車鬢《くるまびん》……43
黒衣《くろご》……48、49
黒幕《くろまく》……11
黒御簾《くろみす》……9、20
黒御簾音楽《くろみすおんがく》……20、22

【け】
下座音楽《げざおんがく》……20、25
消《け》し幕《まく》……11
化粧《けしょう》……16、18
外題《げだい》……53
外連《けれん》……53
見台《けんだい》……22、23

【こ】
後見《こうけん》……48、49
口上《こうじょう》……15、53
口跡《こうせき》……53
高麗屋《こうらいや》……33
こぎれ……47
小道具《こどうぐ》……32〜35

【さ】
座頭《ざがしら》……53
魚屋宗五郎《さかなやそうごろう》……15
月代《さかやき》……39、43
差金《さしがね》……33、49

【し】
地金《じがね》……36〜38
時代物《じだいもの》……24、25
暫《しばらく》……6、16、27
締《し》め太鼓《だいこ》……21
下手《しもて》……9
三味線方《しゃみせんかた》……20、22
襲名《しゅうめい》……14、15
襦袢《じゅばん》……47
春興鏡獅子《しゅんきょうかがみじし》……27
定式幕《じょうしきまく》……8、11、30
浄瑠璃《じょうるり》……22
所作事《しょさごと》……53
白玉《しらたま》……37

白浪五人男《しらなみごにんおとこ》……6、25、32
新皿屋敷月雨暈《しんさらやしきつきのあまがさ》……15

【す】
菅原伝授手習鑑《すがわらでんじゅてならいかがみ》……17、18、26
助六由縁江戸桜《すけろくゆかりのえどざくら》……17
すっぽん……9、10
墨《すみ》つぼ……29

【せ】
セリ……9、11
世話物《せわもの》……24、25
千秋楽《せんしゅうらく》……53

【そ】
双盤《そうばん》……21

【た】
竹本《たけもと》……9、11、22
立ち回り……12、13
立役《たちやく》……15、16、40、43
たらしこみ……30
だんまり……53

【ち】
中棹《ちゅうざお》……22、23
宙乗《ちゅうの》り……13、25
提灯抜《ちょうちんぬ》け……25

【つ】
ツケ（打ち）……12、30
附《つ》け帳《ちょう》……36、46
土蜘蛛《つちぐも》……17
面明《つらあか》り……53

【と】
戸板返《といたがえ》し……25
東海道四谷怪談《とうかいどうよつやかいだん》……25
道具帳《どうぐちょう》……28
道具幕《どうぐまく》……11
常磐津《ときわず》……22
床山《とこやま》……40〜42
床山部屋《とこやまべや》……40〜42
砥《と》の粉《こ》……16
飛《と》び六方《ろっぽう》……12
銅鑼《どら》……21
とんぼ……13、53

【な】
長唄《ながうた》……9、22
生締《なまじめ》……40
浪幕《なみまく》……11
奈落《ならく》……53
成田屋《なりたや》……14、33
鳴神《なるかみ》……27
南総里見八犬伝《なんそうさとみはっけんでん》……11

【に】
二本隈《にほんぐま》……17
人形浄瑠璃《にんぎょうじょうるり》……26
人形振《にんぎょうぶ》り……53

【ぬ】
塗方《ぬりかた》……29

【は】
花道《はなみち》……9
羽二重《はぶたえ》……18、36〜38
早変《はやが》わり……24、25、49

【ひ】
引抜《ひきぬき》……13、26、44、49
雛壇《ひなだん》……22

【ふ】
二《ふた》つ折《おり》……43
ぶっ返り……13、44、49
太棹《ふとざお》……22
舞踊《ぶよう》……24、26
振《ふ》り落《お》とし……11
振《ふ》り毛《げ》……39
振《ふ》り出《だ》し笠《がさ》……32、35

【へ】
部屋子《へやご》……15、50
変化隈《へんげぐま》……17

【ほ】
棒茶筅《ぼうちゃせん》……43
細棹《ほそざお》……22
盆《ぼん》……9
本釣《ほんつ》り鐘《がね》……21
本舞台《ほんぶたい》……9

【ま】
幕引《まくひ》き……30
髷《まげ》……40、43
松王丸《まつおうまる》……17〜19
まわり舞台《ぶたい》……9、10

【み】
見得《みえ》……12、19
三笠山御殿《みかさやまごてん》……15
水衣《みずご》（浪衣《なみご》）……48
蓑《みの》……37、38

【む】
むきみ隈《ぐま》……17
武蔵坊弁慶《むさしぼうべんけい》……12、33

【や】
屋号《やごう》……14
やつし……53

【ゆ】
結《ゆ》いぼうず……40
床《ゆか》……9
雪衣《ゆきご》……48

【よ】
義経千本桜《よしつねせんぼんざくら》……12、17、24、26

【ら】
雷車《らいしゃ》……23

【り】
梨園《りえん》……53

【れ】
連獅子《れんじし》……39

【ろ】
六方《ろっぽう》……12

【わ】
和事《わごと》……53

【著者プロフィール】

矢内賢二（やない　けんじ）

　一九七〇年、徳島県生まれ。日本芸術文化振興会（国立劇場）勤務などを経て、現在明治大学文学部教授。幕末から明治期の歌舞伎を中心とする日本芸能史・文化史を研究。主な著書に『明治キワモノ歌舞伎　空飛ぶ五代目菊五郎』（白水社、第31回サントリー学芸賞受賞）、『明治の歌舞伎と出版メディア』（ぺりかん社）など。

【参考文献】
『歌舞伎入門事典』和角 仁・樋口和宏 著（雄山閣出版）一九九四年、**『舞台裏おもて　歌舞伎・文楽・能・狂言』**山田庄一・吉田簑助・大蔵彌太郎 監修（マール社）二〇〇六年、**『歌舞伎のびっくり満喫図鑑』**君野倫子 著・市川染五郎 監修（小学館）二〇一〇年、**『かぶきの本』**国立劇場調査養成部・金森和子 編集（日本芸術文化振興会）二〇一〇年

【協力】（五十音順・敬称略）
金井大道具株式会社、歌舞伎音楽専従者協議会、歌舞伎座、国立劇場、松竹衣裳株式会社、松竹株式会社、新橋演舞場、東京演劇かつら株式会社、東京鴨治床山株式会社、鳥羽屋三右衛門、中村獅童（中村獅童事務所）、独立行政法人 日本芸術文化振興会、公益社団法人 日本俳優協会、藤浪小道具株式会社、株式会社 宮本卯之助商店

イラスト／中沢正人・水野ぷりん
写真／片野田 斉
編集／内田直子
校正・編集協力／志村由紀枝
デザイン／鈴木守デザイン室（鈴木守・棚田貴宏）
DTP／明昌堂

日本の伝統芸能を楽しむ
歌舞伎

発　行　二〇一七年二月一刷　二〇二三年五月二刷
著　者　矢内賢二
発行者　今村正樹
発行所　偕成社
〒一六二-八四五〇 東京都新宿区市谷砂土原町三-五
電話　〇三-三二六〇-三二二一（販売部）
　　　〇三-三二六〇-三二二九（編集部）
https://www.kaiseisha.co.jp/
印　刷　大日本印刷
製　本　東京美術紙工
NDC774　55p.　30cm　ISBN978-4-03-544710-8

乱丁本・落丁本はおとりかえいたします。
本のご注文は電話・ファックスまたはEメールでお受けしています。
Tel: 03-3260-3221　Fax: 03-3260-3222
E-mail: sales@kaiseisha.co.jp